Der Eiserne Vorhang bricht

Der Eiserne Vorhang bricht

Mit Beiträgen
von Mircea Dinescu
Jiří Gruša
Zoltán Lovas
Lilia Popova
Andrzej Szczypiorski
Konrad Weiß

Herausgegeben
von Winfried Maaß

Graphische Gestaltung: Norbert Kleiner, Dietmar Schulze
Bildtexte: Winfried Maaß
Chronik: Matthias Weber

Herausgeber: Klaus Liedtke
Programmleitung: Dr. Manfred Leier
Lektorat: Gisela Merz-Busch
Bildredaktion: Beate Magrich
Verlagsleitung: Peter Schlickenrieder
Herstellung: Bernd Bartmann, Druckzentrale G + J
Druck: Neef, Wittingen

Redaktionsschluß: 31.7.90
2. Auflage 1990
ISBN 3-570-02951-4

Inhalt

Wir alle sind Augenzeugen

Von Winfried Maaß

Drei Vorkommnisse von großer Symbolkraft markieren an der Schwelle zu den neunziger Jahren dieses Jahrhunderts den erfolgreichen Verlauf der osteuropäischen Revolution gegen ein politisches System, das als Folge der russischen Revolution von 1917, der nationalsozialistischen Machtergreifung von 1933, des Hitler-Stalin-Paktes von 1939 und des von den Westmächten geduldeten Sowjetimperialismus der Jahre nach 1945 den Menschen aufgezwungen worden war: die Diktatur des Kommunismus.

Ungarn, 2. Mai 1989: Ungarische Grenzsoldaten beginnen an der Grenze zu Österreich mit dem Abbau elektronisch gesicherter Sperranlagen und Stacheldrahtverhaue. Das ist der Anfang vom Ende des Eisernen Vorhangs, mit dessen Menschenfallen, Todesstreifen und Wachtürmen sich der kommunistische Ostblock von der Ostsee bis zum Schwarzen Meer gegen die westlichen Demokratien abgeschottet und sich selbst in ein riesiges Konzentrationslager verwandelt hatte.

Polen, 24. August 1989: Im Warschauer Sejm wird der katholische Publizist Tadeusz Mazowiecki vom Bürgerkomitee „Solidarność" zum polnischen Ministerpräsidenten gewählt. Damit führt zum erstenmal seit Jahrzehnten ein Nichtkommunist die Regierungsgeschäfte in einem Staat desselben Warschauer Paktes, der einmal zur Verteidigung des Kommunismus gegründet worden war.

Berlin, 9. November 1989: Günter Schabowski, Mitglied des Politbüros der SED, gibt auf einer Pressekonferenz am Abend wie beiläufig die Öffnung der Grenzen zur Bundesrepublik bekannt. Im Laufe der Nacht passieren Zehntausende die Übergänge und ganz Berlin feiert Wiedervereinigung. Der Anfang vom Ende der Mauer hat begonnen und leitet ein, was sich 1990 vollzieht: das Ende des DDR-Kommunismus und die Vereinigung Deutschlands.

Hunderte Millionen Europäer zwischen Atlantik und Ural sind Augenzeugen dieser und anderer bewegender Szenen des größten politischen Umschwungs seit Ende des Zweiten Weltkriegs. Als könnten sie wie Gott überall gleichzeitig sein, versetzt sie die Erfindung des Fernsehens mitten ins revolutionäre Geschehen. Ganz dicht vor ihnen schwenken antikommunistische Demonstranten ihre Fahnen und Transparente – in Leipzig, in Wilna, in Sofia und anderswo. Sie erleben die triumphale Rückkehr des demokratischen Sozialisten Alexander Dubček nach Prag mit. Hautnah toben vor ihnen auf dem Fernsehschirm die Straßenkämpfe in Rumänien, wird vor ihren Augen dem gestürzten Stalinisten Nicolae Ceaușescu der Prozeß gemacht und erscheint dann bald darauf in Großaufnahme das verzerrte Antlitz des Exekutierten.

Es sind Bilder, die nicht nur ans Herz greifen, sondern auch Denkprozesse in Gang setzen. Mehr als Manifeste und Proklamationen wird das Fernsehen mit seinen Bildern zum Motor der Revolution. Sie machen Unterdrückten Mut sich zu erheben. Die Sklaven der Einparteienherrschaft lehnen sich gegen die herrschende Partei auf, so wie sich zu Beginn des Jahrhunderts mit dem Starkwerden der Arbeiterbewegung die Ausgebeuteten gegen ihre Ausbeuter auflehnten.

Die immer mehr Grenzen überschreitende osteuropäische Revolution will Freiheit, Bürgerrechte, Menschenwürde, Demokratie. Und auch ein bißchen Wohlstand. Es ist eine Revolution gegen die kommunistische Weltrevolution, die Ähnliches versprach, aber das Gegenteil bewirkte: Unfreiheit, Rechtlosigkeit, Menschenverachtung, Diktatur. Und leere Läden. Es ist die Flucht der Menschen Osteuropas aus einem Traum, der ihnen eine gerechtere Welt versprach, sie aber in Wirklichkeit einem Alptraum stalinistischer Verbrechen und bürokratischer Mißwirtschaft auslieferte.

Zum Motor der Revolution wird im Spätsommer und Herbst 1989 auch die Massenflucht aus der DDR. Zu Zehntausenden verlassen vor allem junge Menschen ihre Heimat, weil sie die ständige staatliche Gängelei satt haben, weil sie nicht mehr an eine Reformierbarkeit des Systems glauben, weil sie sich und ihren Kindern ein besseres Leben ermöglichen wollen – mit besseren Arbeitsstellen, besseren Wohnungen, besseren Autos, besserem Lohn und besserer Kaufkraft.

Eine Massenflucht löst die nächste aus. Als das Westfernsehen den glücklichen Durchbruch von über 1000 DDR-Bürgern in der Nähe der westungarischen Stadt Sopron nach Österreich dokumentiert hat, rollen endlose Trabbi-Kolonnen mit DDR-Nummernschildern zur ungarisch-österreichischen Grenze. Tausende DDR-Bürger flüchten in bundesdeutsche Botschaften und werden mit Sonderzügen in den Westen gebracht. Gleich suchen von neuem Tausende Ausreisewilliger Zuflucht in den Bonner Vertretungen von Prag, Budapest und Warschau.

In der DDR löst die Flüchtlingswelle Massendemonstrationen jener aus, die im Lande bleiben wollen und keine Lust haben, noch länger nach der Abkürzung ihres Staates als „D(er) D(oofe) (R)est" verspottet zu werden. Überall im Lande bilden sich Oppositionsgruppen. Reisefreiheit und demokratische Reformen werden gefordert. In langen Schweigemärschen demonstrieren die Leipziger jeden Montag gegen die Diktatur der SED. In Dresden prügelt die Volkspolizei auf Leute ein, die auf jene Sonderzüge aufspringen wollen, die mit Flüchtlingen aus der Prager Botschaft westwärts rollen. In Berlin entzünden junge Leute Kerzen für die Gefangenen des Staatssicherheitsdienstes des Ministers Erich Mielke.

Die Situation in der DDR ist am 7. Oktober 1989, ihrem 40. Gründungstag, noch desolater als beim Volksaufstand vom 17. Juni 1953, als der Dichter Bert Brecht der Führung des angeblichen Arbeiter- und Bauernstaates den höhnischen Ratschlag gab: das Volk, das sich der Regierung nicht würdig erweise, abzusetzen und sich ein neues zu wählen.

Nun gehen die Völker der Volksdemokratien, in denen das Volk nichts zu sagen hatte, den natürlicheren Weg: Sie jagen ihre kommunistischen Regierungen davon – mitsamt den unfähigen Planwirtschaftlern, den tückischen Staatssicherheitsdiensten und den terroristischen Bürokraten. Die Zeit ist günstig für den Umsturz und das große Aufräumen. Denn auch in der Sowjetunion vollzieht sich unter Michail Gorbatschow eine Revolution. Der neue Mann im Kreml versucht sein marodes Riesenreich mit Methoden zu retten, gegen die einst sein Vorgänger Leonid Breschnew in Prag hatte Panzer auffahren lassen: öffentliche Diskussion von Mißständen, Einführung der Pressefreiheit, Duldung von Opposition, Demokratisierung der Führungsprozesse, Überleitung der bankrotten Planwirtschaft in die Marktwirtschaft.

Michail Gorbatschow kommt dem durch immer größere Massendemonstrationen bedrängten DDR-Kollegen Erich Honecker nicht mit Panzern zu Hilfe, sondern er gibt ihm den Rat, sich nicht länger Reformen zu verschließen: „Wer zu spät kommt, den bestraft das Leben!" Aber es ist längst zu spät – auch für Reformen. Die Revolution in Osteuropa fegt alle Honeckers hinweg. Zum erstenmal nach dem Kriege finden in den Ländern des zerbröselnden Ostblocks freie demokratische Wahlen mit Kandidaten der unterschiedlichsten politischen Richtungen statt.

Nicht alle mutigen Revolutionäre gelangen freilich auch in die Parlamente, wo man sie dringend braucht. Lediglich 2,9 Prozent der Wähler stimmen am 18. März 1990 in der DDR für das „Bündnis 90", zu dem sich das „Neue Forum" und andere Oppositionsgruppen der ersten Stunde zusammengeschlossen haben. Eindeutiger Sieger wird mit 48,15 Prozent Wähleranteil das konservative Wahlbündnis „Allianz für Deutschland" mit derselben CDU als stärkster Kraft, die bis dahin als Verbündete der kommunistischen SED die DDR-Deutschen unterdrücken half.

In Rumänien siegt mit angeblich sogar 85 Prozent der Stimmen die „Front zur Nationalen Rettung", die unter Mitwirkung von Kommunisten nach dem Sturz des stalinistischen Diktators Nicolae Ceaușescu bereits die Übergangsregierung gebildet hatte. Zum rumänischen Staatspräsidenten wird die graue Eminenz Ion Iliescu wiedergewählt, der einstige kommunistische Jugendminister und enge Vertraute Ceauşescus. Auch in den Parlamenten von Warschau und Sofia gibt es noch Mehrheiten von Kommunisten, die sich jetzt allerdings demokratische Sozialisten nennen und den Aufstieg von Nichtkommunisten in höchste Staatsämter unterstützen.

Tatsächlich tragen viele nun demokratisch gesinnte Kommunisten, die der Einparteienherrschaft abgeschworen haben, viel zu den revolutionären Veränderungen in Osteuropa bei. In Ungarn leiten Mitglieder der herrschenden KP jene Reformen ein, die aus der sowjethörigen Volksrepublik eine parlamentarische Demokratie nach westlichem Vorbild machen. In Bulgarien und auch in der sowjetischen Kernrepublik Rußland stimmen Kommunisten dafür, den Führungsanspruch ihrer Partei aufzugeben und aus der Verfassung zu streichen.

Breite demokratische Mehrheiten unter Einschluß der Reformkommunisten sind in den neugewählten Parlamenten dringend notwendig, um die Gefahr neuer Diktaturen abzuwenden – sei es nun von links, sei es von rechts. Denn schon versuchen Demagogen die Gunst der Stunde für eigene Zwecke zu nutzen, sieht der polnische Bürgerrechtler Adam Michnik Anlaß zu der Befürchtung: „Da der kommunistische Satan abhanden gekommen ist und viele nicht ohne Teufel leben können, suchen sie einen neuen.“ Es zeigt sich als das größte Hindernis für die Demokratie, daß sie erst einmal erlernt werden muß.

*

Über die Situation in den nun endgültig entstalinisierten europäischen Ländern berichten in diesem STERN-Buch sechs Publizisten, die zugleich Augenzeugen und Akteure sind. Der weltbekannte Warschauer Romancier Andrzej Szczypiorski („Die schöne Frau Seidenmann“) erinnert an den jahrzehntelangen Widerstand seiner Landsleute gegen jede sowjetische Vorherrschaft und nennt Polen in einer kritischen Abrechnung, nicht zuletzt mit den Deutschen, die eigentliche Keimzelle der großen politischen Umwälzungen, die in diesen Monaten die Welt verändern. Lange hat der Schriftsteller seine eigene Opposition gegen das kommunistische System mit Haft und Publikationsverbot büßen müssen. Im vergangenen Jahr wurde Szczypiorski nun als Kandidat des demokratischen Bürgerkomitees „Solidarność“ in den neu gebildeten polnischen Senat gewählt.

Aus Ungarn berichtet der liberale Journalist und Sachbuchautor Zoltán Lovas, der wie in seiner eigenen Heimat auch in der Tschechoslowakei, der DDR und in Rumänien an Demonstrationen für demokratische Freiheiten teilnahm oder sie sogar organisierte. Über den Neuanfang in der DDR nach Überwindung der bedrückenden Mauer-Jahre schreibt der Ost-Berliner Regisseur und Bürgerrechtler Konrad Weiß, in dessen Wohnung am Abend des 12. September 1989 die Oppositionsgruppe „Demokratie Jetzt“ gegründet wurde. Jiří Gruša, der einst vom Prager KP-Regime ausgebürgerte Schriftsteller („Franz Kafka aus Prag“), der in seiner Heimat 1970 mit einem Berufsverbot belegt worden war und als Mitunterzeichner der berühmten „Charta 77“ später im Gefängnis saß, berichtet über die Umwälzungen in der Tschechoslowakei. Das Bulgarien-Kapitel schrieb die Journalistin Lilia Popova, die als stellvertretende Chefredakteurin von „Sofia-Press“ den Reformprozeß in ihrem Lande unterstützt. Verfasser des Beitrags über Rumänien ist der Lyriker Mircea Dinescu. Er wurde von stalinistischen Kollegen aus der Partei ausgeschlossen und von der Geheimpolizei „Securitate“ terrorisiert, weil er sich in einem Interview zur elenden politischen und wirtschaftlichen Lage Rumäniens geäußert hatte, unter anderem mit den Worten: „Das Lächeln ist heute in Rumänien eine seltene Ware geworden.“

*

Inzwischen dehnt sich die demokratische Revolution gegen den Machtanspruch der Ideologen weiter nach Osten aus – Hoffnungen weckend, aber auch Bedrohungen auslösend. Die unter Michail Gorbatschow zu einem weltpolitischen Stabilitätsfaktor gewordene Sowjetunion erleidet Machtverluste durch das verständliche Unabhängigkeitsstreben der von Hitler an Stalin ausgelieferten baltischen Republiken und durch die irrationalen Nationalitätenkonflikte im Süden der UdSSR. Schon zeigen sich Risse in dem noch kommunistischen Riesenreich, kündigen ganze Unionsteile wie Rußland, Weißrußland, die Ukraine, Moldawien, Georgien und Armenien der Moskauer Zentrale die Gefolgschaft.

Auch die vielen Völker der Sowjetunion haben am eigenen Leibe erleiden müssen, daß ihnen die von Lenin versprochene Diktatur des Proletariats nur eine Diktatur des Apparates eingebracht hat, dem das Proletariat schnuppe ist. Nun beginnen auch die sowjetischen Werktätigen zu begreifen, daß die wirkliche Macht des Proletariats nur durch freie Wahlen zu erreichen ist, weil nur diese den proletarischen Massen die Möglichkeit geben, eine Mehrheit im Parlament zu gewinnen und so Regierungen einzusetzen – oder zu feuern.

Noch ist unüberschaubar, wohin die revolutionäre Bewegung im letzten Jahrzehnt dieses Jahrhunderts die Völker im Osten bringen wird. Wird sich die weitere Demokratisierung friedlich vollziehen wie bislang in Polen, der DDR, der Tschechoslowakei, in Ungarn, in Bulgarien und jüngst auch in Litauen, Lettland und Estland? Oder wird wie in Rumänien erst Blut fließen müssen? Wird sich die Sowjetunion demokratisieren können – ohne Putsch des Militärs und ohne Bürgerkrieg wie nach der Oktoberrevolution von 1917?

Nationalistische und religiöse Fanatiker versuchen in den asiatischen Sowjetrepubliken bereits, den Autoritätsverfall Moskaus und den Ruf nach Freiheit für engstirnige Ziele zu mißbrauchen. Wenn die Völker nicht achtgeben, endet ihr Freiheitsstreben in der Unfreiheit nationalistischer Kleinkriege und religiöser Verfolgungen.

Größer als alle Gefahren aber erscheint die Chance, daß aus der osteuropäischen Revolution freie Völker hervorgehen, die sich im Laufe der Zeit nach dem Beispiel der Europäischen Gemeinschaft mit den westlichen Demokratien zu einem neuen, vom Atlantik bis zum Ural reichenden Staatengebilde zusammenschließen: den Freien Vereinigten Staaten von Europa.

Die Basis für eine solche neue Völkergemeinschaft müßte neben Toleranz gegenüber Andersdenkenden vor allem jene „globale Solidarität" sein, zu der Michail Gorbatschow schon 1988 in der UNO aufrief. Es wäre eine Völkergemeinschaft, in der der reichere Westen den ärmeren Osten unterstützen müßte. Aber wofür sonst könnten selbst Kapitalisten Geld besser anlegen als für ein marktwirtschaftliches, demokratisch regiertes und friedliches Europa ohne Grenzen.

Es könnte sogar ein Europa werden, das auch die Länder westlich des einstigen Eisernen Vorhangs auf gute Weise verändert – etwa durch Anerkennung von Menschenrechten auch für Asylanten, durch mehr Sozialdienst statt Militärdienst, durch Unterstützung statt Ausbeutung der Dritten Welt, durch weniger Raffgier und mehr Wohlfahrt auch im eigenen Lande, durch eine Versachlichung der politischen Auseinandersetzung, durch Verzicht auf jede Form kirchlicher und weltlicher Intoleranz, durch Umwandlung der Ellbogengesellschaft in ein rücksichtsvolles menschliches Miteinander und vor allem: durch mehr Anstrengungen, den kommenden Generationen eine Umwelt zu bewahren, in der Menschen ohne Not leben können. Der sozialdemokratische Wittenberger Pfarrer Friedrich Schorlemmer, einer der frühen Revolutionäre der DDR, formulierte es bei der Entgegennahme der Carl-von-Ossietzky-Medaille der Internationalen Liga für Menschenrechte 1989 in Berlin so: „Nicht nur der graue Osten, auch der glitzernde Westen braucht Reformen!"

Der Anfang vom Ende des Eisernen Vorhangs

Ungarische Grenzsoldaten beginnen am 2. Mai 1989 mit dem Abbau des Eisernen Vorhangs an der Grenze zu Österreich. Für die Völker Osteuropas wird das Zerschneiden von Stacheldraht und das Entfernen elektronischer Fallen zum symbolischen Akt, der ihnen nach mehr als vier Jahrzehnten der Unterdrückung den Beginn demokratischer Freiheiten signalisiert. Das westliche Fernsehen und auch zahlreiche Fernsehanstalten in den Ländern des Warschauer Paktes verbreiten Bilder der ungarischen Grenzer mit ihren Bolzenschneidegeräten. Sie schüren den Freiheitsdrang von Millionen und tragen dazu bei, daß innerhalb weniger Monate die letzten Stalinisten aus ihren Regierungsämtern vertrieben werden und die Zeit des Kalten Krieges endgültig zu Ende geht.

In Prag übernimmt das Volk die Macht

Durch Massendemonstrationen wie hier am Wenzels-Denkmal in der Prager Innenstadt zwingen Hunderttausende Tschechen und Slowaken im November 1989 ihre kommunistische Regierung zum Rücktritt. Am 17. November hatten Polizeikräfte demonstrierende Studenten auf demselben Platz noch brutal niedergeknüppelt. Als sich daraufhin die Bevölkerung mit den Geprügelten solidarisiert und Tag für Tag neue Massendemonstrationen stattfinden, ist die friedliche Revolution von niemandem mehr aufzuhalten. Am 28. Dezember wird Alexander Dubček, der große alte Mann des „Prager Frühlings" von 1968, zum neuen Parlamentspräsidenten gewählt. Neuer Staatspräsident wird einen Tag später der Schriftsteller, Bürgerrechtler und Regimekritiker Václav Havel.

Die Mauer verliert ihren Schrecken

Die Berliner Mauer verliert im Herbst 1989 nach der von der DDR-Bevölkerung erzwungenen Öffnung der Grenzübergangsstellen ihren Schrekken. Wie zuvor in West-Berlin wird der „antifaschistische Schutzwall", so einst der offizielle Name, auch im Ostteil der Stadt zur willkommenen Malfläche für Künstler aus aller Welt. Im Juni 1990 gibt der Moskauer Maler Dmitri Wrubel nach einem alten Pressefoto auf einem Mauerrest großflächig wieder, wie sich einst Leonid Breschnew und Erich Honecker den sozialistischen Bruderkuß gaben. Titel des Kunstwerks: „Mein Gott, hilf mir, diese tödliche Liebe zu überleben".

ОМОГИ МНЕ
Й СМЕРТНОЙ ЛЮБВИ
DIESE TÖDLICHE LIEBE ZU UBERLEB
TERART BRODOWSKI, BERLIN, 1034, PSF 29

Berlin, 1. Januar 1990, um 0.01 Uhr

Über eine halbe Million Menschen feiern in der Silvesternacht rings um das Brandenburger Tor den Beginn des Jahres 1990 und die Wiedervereinigung Berlins. Wie kein anderes deutsches Bauwerk ist das in den Jahren 1788–91 errichtete Tor mit seinen griechischen Säulen und der Quadriga zu einem nationalen Symbol geworden. Hier hißten Sowjetsoldaten 1945 nach dem Fall Berlins die Rote Fahne. Hier demonstrierten beim Volksaufstand des 17. Juni Berliner für demokratische Rechte. Hier forderten Sprechchöre nach dem Mauerbau im August 1961 in Richtung Osten: „Macht das Tor auf!" Hier auf dem Pariser Platz wurde das Brandenburger Tor am 22. Dezember von DDR-Regierungschef Hans Modrow im Beisein von Bundeskanzler Helmut Kohl tatsächlich geöffnet – bald darauf allerdings wegen dringend notwendiger Renovierungsarbeiten wieder geschlossen. Aber links und rechts vom Brandenburger Tor kann nun jeder unbehindert vom Pariser Platz zur Siegessäule oder in umgekehrter Richtung zur Prachtstraße Unter den Linden spazieren.

In Warschau wird das Leben bunter

Die graue Planwirtschaft Polens bekommt 1989 bunte marktwirtschaftliche Tupfer. In Warschau und anderen großen polnischen Städten öffnen westliche Markenfirmen wie „benetton" ihre Modeläden. Auch auf den Lebensmittelmärkten wird das Angebot bunter, seit private Unternehmer von der neuen Regierung unter Tadeusz Mazowiecki gefördert werden. Der lange Zeit als Dissident verfolgte katholische Publizist ist mit seiner Wahl zum Ministerpräsidenten vom 24. August 1989 der erste nichtkommunistische Staatschef eines Landes im Warschauer Pakt. Bald verdrängen auch in den anderen Ländern Osteuropas Demokraten die Kommunisten aus ihren Regierungsämtern.

benetton

100 000 Bulgaren gehen auf die Straße

Vor der Alexander-Newskij-Kathedrale in Sofia demonstrieren am 18. November 1989 nach einem Aufruf bulgarischer Oppositionsgruppen mehr als hunderttausend Menschen gegen die kommunistische Regierung und für eine parlamentarische Demokratie. Auf Transparenten wird verlangt, den acht Tage zuvor zurückgetretenen kommunistischen Partei- und Regierungschef Todor Schiwkow wegen Menschenrechtsverletzungen einzusperren. Schiwkow war bis zu seinem Rücktritt 34 Jahre ohne Unterbrechung Parteichef und 17 Jahre zugleich Staatspräsident. Am 13. Dezember wird Schiwkow aus der KP ausgeschlossen. Ein halbes Jahr später finden in Bulgarien freie Wahlen statt.

Auch in Bukarest ist es aus mit Lenin

Nach mehrtägigen Straßenschlachten zwischen der gefürchteten Geheimpolizei „Securitate“ und antikommunistischen Aufständischen kehrt Ende Dezember 1989 Ruhe in der rumänischen Hauptstadt Bukarest ein. Der Diktator Nicolae Ceauşescu ist tot, die Revolution gegen ihn hat gesiegt. Mit dem Schnellfeuergewehr im Anschlag ruht sich ein rumänischer Soldat, der wie die meisten Armeeangehörigen auf der Seite der Aufständischen kämpfte, im Zentrum Bukarests auf einem umgestürzten Lenin-Denkmal aus, neben dem auch eine Statue des früheren kommunistischen Premiers Petru Groza in den Staub gesunken ist. Eine neue Regierung aus Kommunisten, früheren Dissidenten, Offizieren und Intellektuellen leitet demokratische Reformen ein.

Die Geschichte der neuen ungarischen Revolution

Von Zoltán Lovas

Schwer zu sagen, wie weit wir in die Geschichte zurückblicken müßten, um zu verstehen, was sich in den letzten zwei, drei Jahren in Ungarn abgespielt hat. Wir könnten ansetzen in den Jahren zwischen 1918 und 1920, als das historische Ungarn durch den Friedensvertrag von Trianon zerstückelt wurde und das restliche Land ein Rumpf geblieben ist, ein Leib, dem man die Gliedmaßen amputiert hatte. Wir könnten auch auf das Jahr 1945 zurückgehen, als vom ehemaligen Horthy-Ungarn nur noch die Trümmer übriggeblieben waren und sich die historische Chance einer demokratischen Entwicklung geboten hatte. Oder aber wir könnten die Jahre 1947 bis 1949 ins Auge fassen, als der Stalinismus mit all den bekannten verheerenden Folgen einen totalen Sieg errang. Diese Daten markieren zugleich die Grundlagen des Zerfalls.

Das Vorspiel für die jetzt errungene historische Chance war zweifellos der Aufstand von 1956. Das ungarische Volk unternahm damals in nationaler Einmütigkeit den Versuch, das Joch der totalen Einparteiendiktatur abzuschütteln. Dann kam der Terror, später Kádárs Konsolidierung, bekanntgeworden unter dem Slogan der „lustigsten Baracke im sozialistischen Lager". Anfangs schienen Kádárs Reformen erfolgreich zu sein, schließlich aber hinterließ die Teilnahme an der Zerschlagung des Prager Frühlings nichts als böse Erinnerungen. Ebenso wie der ungarische Reformkommunismus, der in der Folge durch den muskelstrotzenden Breschnewismus seine Glaubwürdigkeit verlor. Nach 1972/73 setzte eine allmähliche Desillusionierung ein, gleichzeitig begann die Verschuldung in harter Währung. Später wurde die polnische „Solidarność"-Bewegung aus der Macht gedrängt, und es begann die Siechtumsphase der Breschnew-Ära. Afghanistan und Kambodscha rückten ins Blickfeld der internationalen Öffentlichkeit. Und die große Ratlosigkeit ließ sich nicht mehr übersehen.

Anfang der achtziger Jahre bot die ungarische Gesellschaft das Bild einer scheinbar ungegliederten, homogenen Masse. Nur wenige innerhalb der Landesgrenzen wußten, daß die weitverzweigte Macht der Staatspartei nicht vollkommen war. Hier und da brannte das ewige Licht des geistigen Widerstands; die Sechsundfünfziger und die Reformkommunisten, die sich nach 1968 vom Regime abgewandt hatten, waren nicht vergessen. Die dem Populismus, dem Christentum und dem bürgerlichen Liberalismus verpflichtete Intelligenz dachte auch damals schon anders. Daß sie größtenteils schwieg, keineswegs aktiv war oder keine breite gesellschaftliche Ausstrahlung besaß, spielt hierbei keine Rolle.

Noch saßen die Aufgeklärten unter denen, die an der Macht beteiligt waren, in den unteren Entscheidungsgremien, doch war in ihnen schon die Erkenntnis herangereift, daß das Regime ohne gravierende Eingriffe rettungslos verloren sei. Die ungarische Gesellschaft allerdings genoß die letzten friedlichen Jahre unter Kádár. Fortwährend richtete sie den Blick auf die anderen osteuropäischen Länder und stellte fest: „Natürlich haben auch wir einige Probleme, aber im Vergleich zu denen..." Der Zustand der Wirtschaft geriet unterdessen in eine immer beängstigendere Lage. Der „entwickelte sozialistische Staatsapparat, der sich in seiner intensiven Entwicklungsphase befand", ließ sich nur noch mit immer neuen und immer größeren Krediten aufrechterhalten. Die vielerlei Wurzeln aufweisende demokratische Opposition und die in der Hierarchie des Systems allmählich aufsteigenden aufgeklärten Parteibürokraten fanden Mitte der achtziger Jahre Berührungspunkte. Über volkswirtschaftliche und soziologische Studien kamen die Vertreter beider Gruppen in Kontakt zueinander.

Der langsame innere Gärungsprozeß erhielt von außen den entscheidenden Anstoß: In der Sowjetunion war der Reformkommunist Gorbatschow an die Macht gekommen, und bis 1987 hatte sich herausgestellt, daß er dort auch verbleiben würde und in beschleunigtem Tempo versuchen wollte, dem in Agonie liegenden Körper seines Reiches Leben einzuhauchen. In Ungarn sahen die demokratische Opposition und die Parteielite, die bereitstand, die Macht von innen zu demontieren, den Zeitpunkt zum Handeln gekommen. 1987 in Balatonszárszó und dann in Lakitelek trafen sich die meisten Angehörigen beider Gruppen, die heute zur politischen Elite der Republik Ungarn zählen. Noch war nicht klar, bis zu welchem Punkt der Demokratisierung man sich würde vorwagen können, doch setzte sich die gemeinsame Überzeugung durch, daß endlich Schritte unternommen werden müßten. Gemeinsam war man der Meinung, daß eine gesellschaftliche Explosion verhindert werden müsse und daß ein friedlicher Übergang erforderlich sei – bei maximaler Rücksicht auf die innere Lage in Osteuropa, insbesondere in der Sowjetunion. Allerdings hatte der erfreuliche Kontakt einen Schönheitsfehler: Das Treffen wurde in erster Linie bestimmt von der Machtethik der Reformer und der populistisch-christlich-liberalen Opposition. Die radikalliberalen Intellektuellen – in Ungarn Urbane genannt –, die dem Regime nach 1956 und 1968 den Rücken gekehrt hatten, waren zu beiden Treffen nicht eingeladen worden. Zwei Gründe mochte es dafür gegeben haben. Einerseits bildeten sie den harten Kern der demokratischen Opposition, und ein Händedruck mit deren Vertretern wäre für die kommunistische Elite problematisch gewesen. Andererseits gab es in diesem harten Kern zahlreiche jüdische Intellektuelle.

1985 war die Akzeptanz von Kádárs früherer nationaler Einheit geschwunden, jener Kompromiß also, der als Überlebensstrategie unter den Gegebenheiten des Besatzungsrechts geschlossen worden war. Wie wir gesehen haben, wurde 1987 erneut das Bestreben sichtbar, eine nationale Aktionseinheit zustande zu bringen, um einen Ausweg aus der Krise zu finden, vorläufig allerdings hinter den Kulissen. Kádárs Staatspartei war all das keineswegs verborgen geblieben. Dennoch unternahmen die Kommunisten im wesentlichen nichts dagegen. Zum einen, weil davon auch die geschickt taktierenden Reformkommunisten, die nunmehr in die obersten Etagen der kommunistischen Elite aufgestiegen waren, betroffen gewesen wären, zum anderen, weil die Wirtschaft des Landes inzwischen an den Rand des totalen Zusammenbruchs geraten war.

1985 hatten Kádár und seine verschlissene Mannschaft das Land bar jeder nüchternen Einschätzung auf den Kurs bedingungslosen wirtschaftlichen Wachstums gelenkt. Ergebnis dieser Fehlentscheidung war innerhalb von zwei Jahren die Verdopplung des Schuldenberges. Mit fünfzehn Milliarden Dollar Auslandsschulden war ein so kleines Land wie Ungarn nicht mehr in der Lage, entsprechend seinen früheren Grundsätzen zu handeln. Kádár waren nunmehr durch die Gläubiger die Hände gebunden...

Für das breite Publikum wurde der Anfang vom Endspiel des Kádár-Regimes sichtbar, als György Lázár, der zwölf Jahre lang der farblose Ministerpräsident des Landes gewesen war, im Sommer 1987 durch Károly Grósz abgelöst wurde. Grósz war kein Reformer, aber er war ehrgeizig. Unbeabsichtigt wurde er zur Schlüsselfigur bei der Demontage des stalinistisch-kádáristischen Systems. Das Verstehen und die Steuerung der Entwicklungsprozesse, das heißt die Bewahrung und Ausnutzung der Macht, überstiegen seine Fähigkeiten. Doch gerade wegen dieser negativen Züge konnte er eine positive Rolle spielen. Zweifellos war es seine Entscheidung, auf den Einsatz der bewaffneten Organe zu verzichten, obwohl er monatelang die Möglichkeit dazu gehabt hätte... Seine Aktivitäten als Ministerpräsident beschränkten sich in den ersten Monaten auf kosmetische Operationen. Die Tatsache, daß im April 1988 die erste legale oppositionelle Organisation gegründet wurde, der Bund der Jungen Demokraten (FIDESZ), und die Tatsache, daß seine Mitglieder nicht auf der Stelle verhaftet wurden, machte jedermann deutlich, daß hier entscheidende Veränderungen vor sich gingen. Und so verhielt es sich ja auch. Hinter den Kulissen, in den höchsten Kreisen der bisherigen Staatspartei, war der Machtkampf entschieden. Im Mai 1988 hielt die USAP, die KP Ungarns, Konsultationen ab, die einem Parteitag gleichkamen. Hier schlossen die Reformkommunisten (Imre Pozsgay, Rezsö Nyers, Gyula Horn, Miklós Németh und andere), ein Bündnis mit den innerhalb der Partei an die Macht strebenden Apparatschiks (Károly Grósz, János Berecz und andere). Es gelang ihnen, Kádár als Parteiführer zu verdrängen und mit ihm auch seine Getreuen.

All das verfolgte die allmählich erwachende ungarische Gesellschaft bereits mit einigem Interesse. Auch wenn die Menschen noch nicht an einen Systemwechsel, an ein unabhängiges Ungarn dachten – eine Art reformierten Sozialismus begriffen sie schon als Realität. Außer in Grósz' unerheblichen kosmetischen Operationen bahnte sich auch anderweitig ein Wandel an: Ungestraft durften Massendemonstrationen stattfinden – Anfang Sommer 1988 für die ungarische Minderheit in Siebenbürgen, dann zum Sommerende gegen den Staudammbau in Bös-Nagymaros. Diese Demonstration bedeutete zugleich den Eintritt in eine neue Phase der Krisenentwicklung. Grósz geriet zusehends ins Abseits. Seine Verhandlungen mit Ceaușescu hatten sich als sinnlos erwiesen, er selbst als schwach und konzeptionslos. Es zeigte sich, daß er kein echter Reformer war, sondern lediglich ein machthungriger Parteibürokrat.

Der früher ins Abseits gedrängte Imre Pozsgay rückte erneut in den Vordergrund; er fing an, offen für den Reformkommunismus zu werben, ihn populär zu machen. Gleichzeitig bot er dem populistisch-national-christlich-liberalen Flügel der bisher totgeschwiegenen Opposition ein Forum. So fand im September 1988 erneut ein Treffen in Lakitelek statt. Und hierbei wurde die offizielle Gründung des Ungarischen Demokratischen Forums (MDF) beschlossen. Das MDF war von Anfang an eine Sammelbewegung, und das ist es bis heute geblieben. Während die Gründung der „Jungen Demokraten" (FIDESZ) lediglich ein Vorzeichen war, wurde die Konstituierung des MDF als echter Startschuß begriffen. Die Menschen gewannen die Überzeugung, daß es möglich sein würde, Parteien zu gründen, daß sie sich ungestraft auf das Mehrparteiensystem würden vorbereiten können.

Herbst und Winter 1988 waren die Geburtszeit der Parteien. Nicht lange nach dem Ungarischen Demokratischen Forum (MDF) wurde der Bund der Freien Demokraten (SZDSZ) gegründet, womit die mehr als zehnjährige Halblegalität der von den Urbanen gebildeten radikal-sozialliberalen Gruppe beendet wurde. Rekonstituiert wurden auch die Sozialdemokraten und die Partei der Kleinlandwirte. Mit einiger Verspätung betrat auch die Partei der Christdemokraten die politische Bühne.

In der Zwischenzeit war Grósz' Stellung unterminiert worden. Im November 1988 hatte er in Budapest eine Gedenkveranstaltung zum Jahrestag der Ereignisse von Kronstadt durch Einsatz von Polizeigewalt zerschlagen lassen. Ein paar Tage später hielt er eine ultrakonservative Rede, in der er das Gespenst des weißen Terrors an die Wand malte. Die wirtschaftliche Lage verschlechterte sich zusehends. Der Schuldenberg schwoll dramatisch an, während infolge der Grószschen politisch motivierten Reiseliberalisierung Hunderttausende von Ungarn innerhalb weniger Monate in Wien für mehr als eine Milliarde Dollar technische Artikel einkauften. Zugleich führte das neue Steuersystem zu allgemeiner Leistungsverweigerung und politischer Unzufriedenheit. Grósz mußte den Posten des Ministerpräsidenten an Miklós Németh, seinen einstigen Protegé, abtreten. Das Amt des Parteichefs konnte er zwar behaupten, allerdings auch das nur noch vorübergehend.

Miklós Németh, dessen Bildung in Washington und New York ihren letzten Schliff erhalten hatte, erwies sich als geschickter Technokrat. Mit der „Idee" hatte er wenig gemein, mit seiner Partei dagegen, die ihm Bewegungsfreiheit garantierte, um so mehr. Seine Regierung lenkte er nach und nach in eine technokratische Richtung. Schon bei der Übernahme der Regierungsgeschäfte berief er Rezsö Nyers und Imre Pozsgay als Staatsminister in die Schaltzentrale der Macht. So standen dem jungen, nicht kompromittierten Technokraten zwei angesehene Persönlichkeiten zur Seite: ein Reformkommunist von 1968 und einer aus den achtziger Jahren. Nunmehr entbrannte eine offene Diskussion über die Einführung des Mehrparteiensystems. Der entwickelte Sozialismus allerdings, die vorsichtige Reform der bestehenden Gesellschaftsordnung, wurde noch nicht in Frage gestellt. Und dann folgte ein erneuter Wendepunkt. Anfang 1989 verkündete Imre Pozsgay in Abwesenheit des Parteiführers Grósz: „1956 hat ein echter Volksaufstand stattgefunden, 1956 war sozusagen eine Revolution." Diese Erklärung schlug wie eine Bombe ein. Hiermit ging das Vorspiel zur ungarischen Umwälzung zu Ende, und die stürmische Entfaltung nahm ihren Anfang.

Das Jahr 1956 war eine Wegscheide. Und auch in der Beurteilung der Ereignisse schieden sich die Geister. Der Volksaufstand und seine kádáristische Auslegung waren die unverzichtbare Konsolidierungsgrundlage des Kádár-Regimes. Sie anzutasten und für null und nichtig zu erklären, das war in der Tat gleichbedeutend mit dem Ende des Kádárismus. Mit jedem weiteren Tag beschleunigte sich nun diese Entwicklung. Vor allem der Zerfall der damals immer noch achthunderttausend Mitglieder zählenden und einen intakten Repressionsapparat befehligenden Staatspartei.

Einige Wochen nach Pozsgays politischem Alleingang trat die Parteiführung der USAP zu Beratungen zusammen. Grósz wurde von seinem Platz des alleinigen Parteiführers verdrängt. Statt dessen wurde er Teil eines Führungsquartetts, bestehend aus ihm, Pozsgay, Nyers und Németh. Die daraus resultierende Führungsanarchie begünstigte den Verfall der Staatspartei. Eine Weile allerdings dauerte es noch. Die Fäden für die Handhabung der Macht entglitten der Staatspartei. Das Gesetz des Handelns ging in die Hände der allmählich aufblühenden Oppositionsparteien über. Im Frühjahr 1989 kam der Oppositionelle Runde Tisch (EKA) zustande. Hier erhielten außer dem bereits erwähnten FIDESZ (Bund der Jungdemokraten), dem MDF (Ungarisches Demokratisches Forum), dem SZDSZ (Bund der Freien Demokraten), der Sozialdemokratischen Partei, der Kleinlandwirtepartei und der Christlich-Demokratischen Partei auch die sich als Verbündete des MDF erweisende bürgerliche Vereinigung des Bajcsi-Zsilinszky-Freundeskreises (BZSBT) Sitz und Stimme, ebenso die Ungarische Volkspartei, die sich im nachhinein zur kryptokommunistisch-populistischen Brückenfunktion bekannte. Als Beobachter nahm die Demokratische Liga der Unabhängigen Gewerkschaften (FSZDL) teil, die zugleich auch als Sammelbekken derer funktionierte, die sich um die Demontage der Staatsgewerkschaft bemühten. Während des nächsten halben Jahres trat der Runde Tisch häufig zu Beratungen zusammen. Anfangs fand eine homogene Meinungsbildung statt, später eskalierten die internen Meinungsverschiedenheiten. Zuerst aber mußte die progressive Staatspartei zu Verhandlungen mit dem Runden Tisch gezwungen werden und auch dazu, die Öffentlichkeit über die Verhandlungen zu informieren. Die Aufgabe bestand darin, die Weichen für das Wie des Wandels zu stellen.

Der Runde Tisch forderte von Anfang an einen Systemwandel. Die vierköpfige Führung der USAP sprach erst einmal von einem Modellwandel, von einem pluralistischen Sozialismus. Einzig Pozsgay dachte in der Kategorie des Systemwandels. Ein solcher sanfter Wandel hätte die Möglichkeit geboten, der früheren politischen Klasse die Macht zu erhalten. Nach und nach schlossen sich dieser Konzeption nicht nur Nyers und Németh an, sondern auch ein großer Teil der Parteielite. Was sonst hätten sie tun sollen? Doch Grósz ging das entschieden zu weit. Er war ein echter Kádárist. Und er verfügte noch immer über die Macht, um die alte Ordnung wiederherzustellen. Zu seiner Ehre sei gesagt, daß er nicht einmal einen entsprechenden Versuch unternommen hat.

Ein neuer Wendepunkt: Am 16. Juni 1989 wird der Führer der ungarischen Revolution von 1956 feierlich wiederbeerdigt. Das war der Augenblick, als ein ganzes Land an die Möglichkeit eines echten Wandels glaubte. An dem Tag war erstmals seit dreiunddreißig Jahren vor der ungarischen, ja vor der Weltöffentlichkeit offen zu hören, daß die russischen Truppen sofort und unverzüglich abziehen sollten. Viktor Orbáns Worte, eines der Führer des FIDESZ, machten sowohl dem Inland als auch dem Ausland gegenüber deutlich, daß nunmehr ein qualitativer Wandel bevorstehen würde und die Errichtung eines unabhängigen Ungarn Realität werde. Nach dem 16. Juni nahm die Erstarkung der oppositionellen Organisationen einen dramatischen Verlauf, während die Auflösung von Staatspartei und Parteistaat in noch rasanterem Tempo vor sich ging.

Was nun geschah, war das eigentliche Vorspiel zum Machtwechsel. Das dahinsiechende Mammut Staatspartei und seine Satellitenorganisationen wurden gezwungen, sich mit der Opposition an den Verhandlungstisch zu setzen. Diese dreiseitigen Verhandlungen wurden Nationaler Runder Tisch genannt. Auf der einen Seite feilschte die KP Ungarns, die USAP, und auf der anderen Seite der Oppositionelle Runde Tisch um möglichst vorteilhafte Rahmenbedingungen für den Machtwechsel. Auf der dritten Seite versuchten die unstreitig zur Aureole der USAP gehörenden Organisationen die Ereignisse zu beeinflussen. Im August-September vergangenen Jahres fanden in der Tat harte Verhandlungen statt.

Die Opposition zerfiel in zwei Lager. Letztlich wurde das Abkommen über die Bedingungen zur Machtübergabe von SZDSZ, FIDESZ, den Kleinlandwirten und den Sozialdemokraten nicht akzeptiert. Sanktioniert wurde es vom MDF und seinen Sympathisanten (Volkspartei, Bajcsi-Zsilinszky-Freundeskreis, Christdemokraten) und von der USAP. Innerhalb dieser Opposition entzündete sich die Diskussion, ob der Präsident der Republik direkt zu wählen sei oder nicht. Nach Meinung derer, die ihre Unterschrift verweigerten, würden bei einer Direktwahl nur die reformkommunistischen Prominenten der USAP gute Aussichten haben, den Kampf um das Präsidentenamt für sich zu entscheiden, unter ihnen vor allem Pozsgay. Das aber hätte nach den künftigen Parlamentswahlen eine zweigeteilte Macht zur Folge haben können: ein oppositionelles Parlament und eine Regierung mit einem (reform-)kommunistischen Präsidenten. Das wäre ein offener Weg zur Rettung der Macht gewesen. Zwischen USAP und MDF war ein Machtkompromiß geschlossen worden. Daraufhin erzwang die radikalliberale Opposition eine Volksabstimmung über den Termin zur Wahl des Präsidenten. Es ging um die Entscheidung, ob die Wahl vor oder nach den Parlamentswahlen stattfinden sollte.

Es ist nun an der Zeit, einen Blick über die Landesgrenzen hinaus zu werfen. Dort nämlich zeichnete sich ein grundlegender Wandel ab, der von den Veränderungen in Ungarn nicht ganz unabhängig war. Angesichts der Gorbatschowschen Perestrojka wurden die Zustände in der DDR immer unhaltbarer. Nur Honecker wollte dies nicht zur Kenntnis nehmen. Seine Untertanen aber hatten genug von ihm und von dem goldenen Käfig. Schließlich bot sich ihnen seit 1961 endlich ein Durchschlupf an, ein Loch in der Mauer: Ungarn hatte seine Westgrenzen geöffnet. Dies führte in der DDR zu einem stürmischen Gärungsprozeß.

Der totalitäre Staat wurde auch dort erschüttert und zerfiel innerhalb weniger Wochen. Nach Honecker stürzte kurz darauf auch Husáks Regime. Die Sowjetführung unter Gorbatschow sah zu, ohne einzugreifen. Vermutlich war sie an Aktionen zur Rettung überkommener Strukturen nicht interessiert. Freilich hätte sie kaum etwas tun können. Denn auch die Demontage des Staatsparteisystems der Sowjetunion hatte ihren Anfang genommen.

Für Ungarn bedeutete all das, daß die Überlegung, ob man sich für einen Modell- oder Machtwechsel, für einen gemäßigten oder radikalen Fortschritt entscheiden sollte, innerhalb weniger Wochen ihren Sinn verloren hatte. Und auch die Bevölkerung fand keinen Geschmack an einem eventuellen kommunistischen Machterhalt. Noch dazu hatte sich im Herbst die USAP, die frühere Staatspartei, gespalten. Die Initiatoren der Volksbefragung hatten, wenn auch äußerst knapp, gesiegt. Eine zweigeteilte Macht hatte sich nicht installieren lassen, die Stunde des Machtwechsels hatte geschlagen. Die Geschichte gebot ein Innehalten. Ceauşescus faschistisches Regime war gestürzt worden. Zumindest glaubten wir das damals. Am 5. Januar 1990, nach zweiwöchiger Pause, kam in Ungarn ein erneuter Wendepunkt der Geschichte.

Anfang Januar wurde das Startzeichen für die zwei Runden der für den 25. März beziehungsweise den 8. April 1990 ausgeschriebenen Parlamentswahlen gegeben; grelles Licht fiel auf die unverändert angewandten Abhörpraktiken des ungarischen Innenministeriums. Der Autor dieses Beitrags hatte das Vergnügen, der Zentrale des ungarischen Stasi einen „Besuch" abzustatten und dort die erforderlichen Beweise herauszuholen. Die Wirkung dieses Falles war ausschlaggebend für die Entwicklung der späteren Kräfteverhältnisse. Wer früher den schönen Worten der Reformkommunisten geglaubt hatte, dem Slogan vom „wirklichen Neubeginn", der war jetzt sehr enttäuscht und kehrte den Nachfolgeparteien der USAP den Rükken. Der ungarische Watergateskandal wurde von zwei liberalen und zugleich radikalen Organisationen, dem SZDSZ und dem FIDESZ, in ihrer Wahlkampagne ausgenutzt. Diejenigen, die sich wirklich einen konsequenten Systemwechsel wünschten, sympathisierten mit diesen beiden Organisationen.

Zehn Tage vor der ersten Wahlrunde hatte es den Anschein, daß der SZDSZ (Bund der Freien Demokraten) stärkste Partei werden, daß ihm das MDF (Ungarisches Demokratisches Forum) folgen würde und dann einigermaßen abgeschlagen die Kleinlandwirtepartei. FIDESZ und die USP (Ungarische Sozialistische Partei), die Nachfolgepartei der Reformkommunisten, standen Kopf an Kopf. Und dann wendete sich das Blatt. Der SZDSZ beging einen schweren Fehler. Er beschloß, den 15. März, den höchsten ungarischen Nationalfeiertag, für eine parteipolitische Kampagne auszunutzen. Dem Bund der Freien Demokraten wurde dadurch das Etikett des Antinationalen, des Kosmopolitischen angehängt. Der Partei wurde vorgeworfen, daß sie von jüdischen Intellektuellen beherrscht werde. Tatsache ist jedoch, daß einige jüdische Intellektuelle aus der Schule des ungarischen marxistischen Philosophen Georg Lukács in dieser Partei tätig sind, die schon in den siebziger Jahren jener Opposition zuzurechnen waren, aus der der Bund der Freien Demokraten hervorgegangen ist. Die Diffamierung als „Judenpartei" geht zurück auf den alten Konflikt aus der Vorkriegszeit zwischen urbanen und populistischen Intellektuellen. Das Pogrom, das gegen die in Marosvásárhely lebenden Ungarn durch chauvinistische Rumänen am 19. März entfesselt worden war, blieb nicht ohne Wirkung. Diese Ereignisse bewirkten, daß die Stimmung der Wähler umschlug und der SZDSZ, der gut im Rennen lag, in der ersten Runde durch das MDF, das populistisch-nationalistische Töne anschlug, auf den zweiten Platz verwiesen wurde. Es zeigte sich, daß die kommunistischen Nachfolgeparteien auf der Strecke blieben.

Am 2. Mai 1990 konstituierte sich das neue ungarische Parlament. Das war der Stichtag für den Machtwechsel. Von da an wird schon das Geschichtsbuch der neuen ungarischen Demokratie geschrieben. Zumindest bleibt zu hoffen, daß das Protokoll der Demokratie geschrieben wird. Die Ausgangslage: Die Parteien des national-christlich-liberalen Kurses (Ungarisches Demokratisches Forum/MDF, Kleinlandwirte, Christdemokraten) sollten später mit kaum mehr als vierzig Prozent Listenstimmen sechzig Prozent der Mandate besitzen. Die liberalen Parteien (Bund der Freien Demokraten/SZDSZ , Bund der Jungen Demokraten/FIDESZ) dagegen errangen bei der Stimmabgabe nicht das erforderliche Drittel, so daß auch die sich zur Sozialdemokratie bekennende Nachfolgepartei der USAP, die von Pozsgay und Horn geführte USP (Ungarische Sozialistische Partei), ins Parlament kam, wenn auch in ziemlich isolierter Position.

Was ansteht, ist der Vollzug des Machtwechsels, das heißt des Systemwechsels. Wenn auch der gelingen wird, dann wird man dereinst tatsächlich von einer ungarischen Revolution sprechen können. Für diese spezielle Revolution, die unblutig verlaufen ist und immer wieder am Verhandlungstisch ausgefochten wurde, dürfte auch jene politische Verständigung bezeichnend sein, die zugleich die erste Stufe einer demokratischen Konsolidierung des neuen ungarischen Parlaments war. Das regierende MDF und die stärkste Oppositionspartei, der SZDSZ, hatten noch vor der Bildung der neuen

Regierung einen Kompromiß geschlossen. Der Bund der Freien Demokraten verzichtete auf ein Erbe des vorangegangenen Parlaments, auf die Vorteile, die mit der Regelung verbunden waren, daß fast alle parlamentarischen Entscheidungen von einer Zwei-Drittel-Mehrheit abhängig waren. Im Tausch dafür beendete das MDF den populistischen Druck gegen den SZDSZ und orientierte seine politische Gegnerschaft an bestimmten Machtpositionen und -möglichkeiten. Das war ein weiser parteipolitischer Kompromiß. Auf das Parlament allerdings, auf die Parteien und auf das Vertrauen der Wähler hatte er eine verheerende Wirkung. Die politische Lage wurde ziemlich unübersichtlich. Der Schuldenberg ist weiter angewachsen; gegenwärtig belaufen sich die Verbindlichkeiten auf mehr als 22 Milliarden Dollar. Statt eines Regierungsprogramms entstand lediglich eine Sammlung von Regierungserklärungen. Die Parlamentsparteien sind verblüffend schwach.

Zweifellos wäre unter solchen Umständen die eigentliche Leistung des Jahres die Realisierbarkeit des Systemwechsels. Dazu muß die gesamte wirtschaftliche und gesellschaftliche Schuldenmasse aufgelistet werden, die das Einparteiensystem Ungarn hinterlassen hat. Und es müssen Lösungsmodelle zur Überwindung der Krise aufgezeigt werden. All das setzt die Durchsetzung des Systemwandels „unten" voraus, das heißt auch auf kommunaler Ebene. Parallel dazu ist ein entsprechendes Management zur Bewältigung der Schuldenkrise erforderlich.

Waren die Vorgänge in Ungarn eine Revolution? In letzter Konsequenz waren sie das. Denn was sonst wäre die Rückführung Ungarns aus der Sackgasse des asiatischen Feudalsozialismus auf den Weg einer organischen europäischen Kulturentwicklung? Ich würde lieber von einem friedlichen Übergang sprechen, für den allerdings ein Preis zu zahlen ist. Nämlich der, daß die Akteure und Nutznießer der früheren Macht ihre politische Existenz zum Teil hinüberretten können.

Entscheidend bleibt, daß es gelungen ist, der Vergangenheit den Rücken zu kehren, und daß innerhalb des gesamten osteuropäischen Raums auch Ungarn die Chance des Neubeginns hat. Was – von innen gesehen – ein richtiges Abenteuer zu werden verspricht. Erstmals ist es vorstellbar, daß aus dem wilden Osten ein wilder Westen wird. Letztlich gibt es kaum eine Alternative für Ungarn, als im osteuropäischen Wortsinn irgendwann selbst zum Westen zu gehören. Jetzt und noch viele Jahre lang wird es Ungarns historisches Ziel und geschichtliche Aufgabe sein, sich dem Westen, der die Zeit der integrierenden technischen Revolutionen erlebt, anzuschließen.

Die Aufgabe ist gewaltig, die Startbedingungen sind sehr ungünstig. Vielleicht läßt sich dieser Traum aus eigener Kraft gar nicht verwirklichen. Vermutlich kann nur die auch auf längere Sicht günstige Entwicklung dreier Faktoren die erfolgreiche Vollendung der stillen ungarischen Revolution ermöglichen. Am wichtigsten ist es, die inneren Kräfte des Landes zu mobilisieren, eine moralische Läuterung und die Geburt der gesellschaftlichen Solidarität herbeizuführen, erneut die Achtung vor der Arbeit zu sichern, die Nation konkurrenzfähig und produktiv zu machen. Außerdem ist es unbedingt vonnöten, daß die Ungarn neben all diesen Forderungen in der Lage sein werden, über einen langen Zeitraum wesentlich mehr zu produzieren, als sie verbrauchen. Denn anders wird es weder eine Tilgung der Schulden geben noch eine erfolgreiche Reprivatisierung, noch eine für den wirtschaftlichen Aufschwung erforderliche Kapitalakkumulation. Die zweite Voraussetzung ist die Hilfe des Westens. In diesem Zusammenhang ist allerdings anzumerken, daß die außenpolitische und außenwirtschaftliche Neuorientierung des Landes die Irrtümer der Vergangenheit nicht wiederholen darf. Die einseitige Ausrichtung an deutschen Interessen hat Ungarn im 20. Jahrhundert schon zweimal in eine Tragödie gestürzt. Es wäre gut, wenn sich Derartiges nicht wiederholte! Als dritte Voraussetzung für einen erfolgreichen Wandel ist eine dauerhaft günstige Entwicklung der unmittelbaren, das heißt der mittelosteuropäischen Nachbarn zu nennen. Das ist eine vielschichtige Angelegenheit. Die Probleme der ungarischen Minderheiten müßten zufriedenstellend geregelt werden. Anderenfalls besteht ein ständiges Konfliktpotential nicht nur mit Rumänien, sondern auch mit der Slowakei, mit Serbien und der Ukraine. Doch als Voraussetzung dafür sind auch Fortschritte bei der Demokratisierung unserer einstigen Schicksalsgenossen erforderlich. Hierbei denke ich vor allem an die Sowjetunion und an Rumänien sowie an Bulgarien. Und in gewissem Sinne auch an Polen. Würde eine der drei Voraussetzungen nur mangelhaft funktionieren, dann wären in Ungarn südamerikanische Verhältnisse zu befürchten. Sollten sich aber zwei oder gar alle drei Bedingungen unserer Existenz ungünstig entwickeln, dann besteht kein Zweifel, daß hier früher oder später irgendein totalitäres rechtes oder linkes Regime entstehen wird.

(Übersetzung von Hans-Henning Paetzke)

Die Opposition regt sich

Steigende Preise, sinkende Löhne und wachsende Auslandsverschuldung führen von 1988 an in Ungarn zum Machtverfall der kommunistischen Regierung. Der lange Zeit als Vater des „Gulaschkommunismus“ gefeierte 76jährige János Kádár muß nach 31 Jahren die Führung der kommunistischen Staatspartei abgeben. Neuer Generalsekretär der Kommunisten wird Ministerpräsident Károly Grósz, ein Reformer, der Ungarn den Weg zum Mehrparteiensystem bahnt. Überall im Lande bilden sich mit Duldung der Regierung Oppositionsgruppen. Auch betont antikommunistische Organisationen werden aktiv. An den Plakatflächen der Hauptstadt Budapest werden Lenin-Poster, die an den Jahrestag der russischen Revolution erinnern, nachts mit Aufklebern versehen, auf denen der Gründer des Sowjetimperiums als „Namenlose Null“ beschimpft wird.

KANDÓ
KEK
HOBO

Trauer um Tote, deren Zahl niemand weiß

Wie beim Ungarn-Aufstand vor 33 Jahren wehen in Budapest im Sommer 1989 wieder Fahnen, aus denen das kommunistische Staatswappen herausgeschnitten ist. Mit Märtyrer-Fahnen wird zugleich der Toten des mit Hilfe sowjetischer Truppen niedergeschlagenen Aufstandes gedacht. Noch immer kann niemand ihre genaue Zahl nennen. In einem Weißbuch der Regierung János Kádár war von 3000 Toten und 13 000 Verletzten die Rede. Einige hundert Teilnehmer des Aufstands wurden exekutiert. Auch von schätzungsweise 20 000 Ungarn, die als Konterrevolutionäre in ungarische Gefängnisse oder sowjetische Straflager kamen, kehrten viele nicht wieder zu ihren Angehörigen zurück. Ministerpräsident Imre Nagy, der am 23. Oktober 1956 mit einer Rede vom Balkon des ungarischen Parlaments mit der Forderung nach Unabhängigkeit des Landes von der Sowjetunion das Signal zur Volkserhebung gegeben hatte, war nach dem Zusammenbruch des Aufstands in einem Geheimprozeß zum Tode verurteilt und erhängt worden.

Aus Kommunisten werden Demokraten

Zum erstenmal seit vielen Jahrzehnten wird am 15. März 1989 in Ungarn der Jahrestag der Revolution von 1848 wieder als staatlicher Feiertag begangen. Damals erkämpften sich die Ungarn ihre Unabhängigkeit von Österreich. Vor dem Budapester Parlamentsgebäude, an dem eine Ehrenwache postiert ist, demonstrieren am selben Tag über 50 000 Menschen für demokratische Freiheiten. Wie einst von Österreich soll sich das Land auch von der Sowjetunion frei machen. Auf Transparenten wird an den von sowjetischen Truppen niedergeschlagenen Ungarn-Aufstand des Jahres 1956 erinnert. Diesmal signalisiert sogar das Zentralkomitee der ungarischen Kommunisten Entgegenkommen. Es spricht sich für die Einführung einer parlamentarischen Demokratie aus und erklärt die in der Verfassung festgeschriebene Führungsrolle der KP für aufgehoben.

Nagy
Imre
1896
MINDHALAL
301
301
301

Ein zweites Begräbnis für fünf Gehenkte

Über 200 000 Menschen nehmen am 16. Juni 1989 auf dem Budapester Heldenplatz an einer Trauerfeier für die Toten des Ungarn-Aufstands von 1956 teil. In einem von sechs Särgen ruhen die sterblichen Überreste des als Führer des Aufstands hingerichteten Ministerpräsidenten Imre Nagy (der auf dem Foto oben rechts beim Czardasz zu sehen ist). Vier weitere Särge enthalten die Gebeine seiner engsten Mitkämpfer, die mit ihm am Galgen endeten. Ein sechster leerer Sarg soll an die vielen namenlosen Toten des Aufstands erinnern. Nachdem sich Hinterbliebene, Freunde und Regierungsmitglieder abwechselnd zur Totenwache neben den Särgen aufgestellt haben, werden die Gebeine der Volkshelden zum Budapester Vorortfriedhof Rákoskeresztúr gebracht und an derselben Stelle beigesetzt, wo man sie nach ihrer Erhängung auf den Tag genau vor 31 Jahren als „Volksverräter“ verscharrt hatte. Neun Stunden lang überträgt das ungarische Staatsfernsehen die Trauerfeierlichkeiten live. Auch eine Rede des reformkommunistischen Regierungschefs Imre Pozsgay wird gesendet, der den Toten des Aufstands seinen Respekt ausspricht.

Die Presse

Es gibt keine Zensur mehr

Schritt um Schritt verwandelt sich Ungarn im Herbst 1989 in ein demokratisches Land. Am 23. Oktober, dem Jahrestag des Volksaufstandes, schafft das Parlament die Bezeichnung Volksrepublik Ungarn ab. Das Land heißt fortan Republik Ungarn, und seine Regierung bekennt sich zu den Grundsätzen einer freiheitlichen Demokratie. Dazu gehört auch von sofort an die völlige Meinungs- und Pressefreiheit. Auf den Straßen Budapests beginnt der Verkauf westlicher Zeitungen. Oppositionsgruppen bringen eigene Blätter heraus. Fernsehen und Rundfunk schalten um von kommunistischer Propaganda auf eine freie und kritische Berichterstattung.

Roter Stern und Stalin sind nicht mehr gefragt

Innerhalb weniger Wochen verschwinden Ende 1989 in Ungarn von öffentlichen Gebäuden kommunistische Embleme wie der Rote Stern und von allen öffentlichen Plätzen die letzten Standbilder Josef Stalins und anderer stalinistischer Größen. Zugleich beginnt die Regierung mit der offiziellen Rehabilitierung von mehr als 100 000 Opfern des Stalinismus. Die ungarischen Reformkommunisten benennen ihre Partei angesichts der in der Vergangenheit begangenen Verbrechen um in Ungarische Sozialistische Partei. Ihr Ziel ist nicht mehr wie zu Lenins Zeiten die Herrschaft des Proletariats, sondern das Mehrparteiensystem eines demokratischen Rechtsstaates und die Einführung der Marktwirtschaft. Aus Protest gegen diesen Umschwung gründen konservative Kommunisten unter dem alten Namen USAP eine eigene Partei.

Alter Adel im Aufwind

In den ungarischen Provinzorten Tolna und Pécs feiert im November 1989 ein Besucher Triumphe, von denen er sich ein Jahr zuvor kaum etwas hätte träumen lassen: Otto von Habsburg, Kronprinz von Österreich-Ungarn, Europa-Abgeordneter der CSU und Präsident der Paneuropa-Union. Die Ungarn lassen den 77jährigen Sprößling des österreichischen Kaiserhauses hochleben. Er wird von Autogrammjägern umlagert und darf sich wieder der etwas aus der Mode gekommenen Anrede „Königliche Hoheit" erfreuen. Sogar Mitglieder der wiedererstandenen Unabhängigkeitspartei feiern den Adelsmann, obwohl das ursprüngliche Parteiziel einmal die Unabhängigkeit der Ungarn von den Habsburgern gewesen war. Sie überreichen der Hoheit ohne Thron eine Unterschriftenliste von Untertanen, die ihm das Amt des ungarischen Staatspräsidenten antragen. Aber Otto von Habsburg lehnt erst einmal ab.

A Zsolnay-dédunoka tiltakozik

Ein Grenztor wird gestürmt

Bei einem von der Paneuropa-Union veranstalteten Massen-Picknick in der westungarischen Grenzstadt Sopron stürmen junge Urlauber aus der DDR am 19. August 1989 einen alten Grenzübergang zum österreichischen St. Margarethen. Ungarische Grenzsoldaten lassen die jungen Leute gewähren. Über 1000 fliehen nach Österreich, von wo aus die meisten mit dem Zug weiter in die Bundesrepublik reisen. Paneuropa-Union-Präsident Otto von Habsburg lobt die Grenzaktion später mit den Worten: „Da haben Ungarn und Österreicher Schulter an Schulter die Preußen befreit".

Viele Trabbis bleiben zurück

Immer mehr DDR-Bürger benutzen Ungarn im Spätsommer 1989 als Sprungbrett in den Westen. Ganze Trabbi-Kolonnen bewegen sich auf die Grenze nach Österreich zu. Dort finden ungarische Grenzwächter jeden Tag verlassene Autos mit DDR-Kennzeichen, deren Besitzer sich zu Fuß auf den Weg nach Österreich gemacht haben. Die Hauptstadt Budapest ist überfüllt mit DDR-Bürgern, die sich während eines Urlaubs entschlossen haben, nicht wieder in den Honecker-Staat zurückzukehren. Am Rande der Hauptstadt werden Zeltlager für die Flüchtlinge eingerichtet (oben rechts). Am 10. September gibt der ungarische Außenminister Gyula Horn die Kündigung des Reiseverkehrsabkommens mit der DDR bekannt. Als erstes Land des ehemaligen Ostblocks öffnet Ungarn den DDR-Flüchtlingen seine Westgrenze.

Die polnische Revolution 1980-1990

Von Andrzej Szczypiorski

Der Kommunismus war mißraten schon zu den Zeiten, als er nur eine theoretische Projektion der Zukunft der Welt darstellte. Doch hatte er stets einen gewissen verlockenden und verführerischen Zug an sich. Er verkündete nämlich ein Programm zur Erziehung des menschlichen Wesens, auf daß es würdig werde seiner Aufgaben im Rahmen des historischen Prozesses, der sich auf wissenschaftliche Weise entwickelt. Die Menschen lieben dieses und jenes, am meisten aber lieben sie es, ihre Nächsten zu erziehen. Es gibt einen großen Unterschied zwischen dem verbrecherischen Charakter der Handlungen im nazistischen und im kommunistischen System. Hitlers Programm war nicht nur moralisch widerwärtig, sondern auch gedanklich primitiv. Es ging Hitler darum, eine bestimmte Kategorie Menschen zu töten. Das stalinistische Programm, intellektuell raffinierter, konnte ideologisch sogar als schön gelten, jedenfalls in den Augen der Dummköpfe mit sensiblen Herzen, denn der Stalinismus war in gewissem Sinn ein Bekehrungsproblem.

Reiften die Menschen zu den neuen historischen Aufgaben geistig nicht heran, so griffen ihre enttäuschten Erzieher auf drastische Methoden zurück. Erschießungsbulletins eingeschlossen. Aber sogar dann dauerten die Erziehungsprozesse fort, und die Opfer gaben sich gelegentlich der Überzeugung hin, ihr Tod bringe die Erlösung der Menschheit näher.

Vom Standpunkt des gesunden Menschenverstands aus gesehen war das also eine tiefere Besessenheit, die von mehr Verblödung zeugte als Adolf Hitlers Nationalsozialismus. Zudem betraf der Nazismus nur die Deutschen, während sich der Stalinismus der Köpfe zahlreicher Millionen auf allen Kontinenten bemächtigte. Ich denke, diese Tatsache unterstreicht zusätzlich die Verdienste der Polen, die das stalinistische System jahrzehntelang sehr konsequent untergraben haben.

Von einer bewußten und je länger je kompromißloseren Opposition kann man in Polen seit dem Jahr 1956 sprechen. Nach 1968 wurde sie in den Kreisen der polnischen Intelligenz, aber auch unter den besser qualifizierten Arbeitern fast allgemein.

Die Verdienste der Polen im Kampf mit dem Kommunismus halte ich für entscheidend, und zwar im Weltmaßstab. Es waren eben die Polen, die in bitterer Vereinsamung, ohne die Unterstützung anderer Völker, ruhig und überlegt, was dem Anschein nach polnischer nationaler Tradition widerspricht, so lange die Fundamente des Systems unterwühlt haben, bis der gesamte Bau in unwahrscheinlichem Tempo über den Köpfen der geblendeten und ein wenig entsetzten Europäer zusammenbrach. Heute ist das kommunistische System nur noch eine schlimme Erinnerung vieler Völker, darunter auch der Völker der UdSSR. Es ist aber auch ein nostalgischer Wert für viele Gleichheitsfanatiker, die siebzig Jahre lang die Erlösung anderer forderten, während sie selbst bequem in der Hölle des Kapitalismus brieten.

Ich meine keineswegs, die Verdienste der Polen im Kampf gegen den Kommunismus ergäben sich aus ihrem politischen Scharfblick und ihrer besonderen moralischen Feinfühligkeit. Der ideologische Abscheu war durchaus nicht allgemein, wovon wir uns jetzt, nach dem Sturz des Systems, überzeugen können.

Die Polen haben den Kommunismus erbittert bekämpft, weil er eine russische Erfindung war, und die Ansicht, Rußland könne etwas Menschliches oder wenigstens Bemerkenswertes tun, paßt in keinen polnischen Kopf. Auch wenn es in den Ohren meiner Landsleute wie eine Ketzerei klingt, bin ich der Meinung, die antikommunistische Flamme, die unsere Herzen über vierzig Jahre lang erwärmte, war vor allem die heiße Asche antirussischer Phobien.

In diesem historischen Prozeß zeigte sich, daß der polnische Instinkt nicht trog. Heute sind alle überzeugt, daß der Kommunismus tatsächlich nur russisch war und als solcher geeignet ausschließlich für den Müllhaufen.

Man sollte jedoch nicht vergessen, daß die Polen – aus Gründen ihrer historischen Traditionen – einen etwas besseren Start beim Kampf mit dem System hatten als andere Nationen des Moskauer Imperiums. Ich denke hier an den Einfluß und die Kraft der römisch-katholischen Kirche. Das 19. Jahrhundert bewirkte, daß der Katholizismus für die Polen den einzigen Bereich ihrer nationalen Identifikation bildete. Von Hochmut und ganz gewöhnlicher Dummheit getrieben, begannen die Kommunisten gleich nach ihrer Machtübernahme einen rücksichtslosen Kampf gegen die Kirche. Wegen der polnischen Tradition, in der Opferbereitschaft, ja sogar Märtyrertum eine wichtige Rolle spielen, wurde die verfolgte und hinsichtlich ihrer geistlichen Souveränität kompromißlose Kirche selbstverständlich zum Symbol der Freiheit und nationalen Würde.

Der zweite Grund dafür, daß es den Polen etwas leichter fiel, sich dem kommunistischen System zu widersetzen, liegt in ihrem Nationalcharakter, der so oft kritisiert wird, besonders von bestimmten Kreisen der deutschen Gesellschaft. Ich meine hier die polnische Neigung zum Improvisieren und die Abneigung gegen systematisches Handeln. Ich denke an eine bestimmte Distanz zur Wirklichkeit, die es den Polen erlaubt, sich auch aus anscheinend wichtigen und bedrohlichen Dingen nichts zu machen, Gefahren, wenn es zu viele sind, auf die leichte Schulter zu nehmen und die scharfen Kanten des Lebens zu mildern, dem Prinzipiellen zu widerstehen. Ich denke schließlich auch an den polnischen Sinn für Humor, was man im öffentlichen Leben nicht leichtnehmen sollte, weil doch die Politik immer ein wenig närrisch wirkt, selbst dort, wo sie grausam und blutig ist. Die Leute, die ein pedantisches, langweiliges, feierliches und humorloses Verhältnis zu den öffentlichen Angelegenheiten haben, bauten, wie uns die Erfahrung lehrt, einen überaus gespenstischen Kommunismus auf, die DDR-Ausgabe.

All die Nachkriegsjahre hindurch war der Kommunismus in Polen krüppelhaft, unvollständig und schwach, ein Objekt verächtlichen Spotts bei den breiten Massen. Die polnischen Kommunisten fühlten sich, woran man auch erinnern sollte, sehr isoliert und oft sogar lächerlich, und das veranlaßte sie mehr als anderswo zu Mäßigung und politischer Reserve. In der Tschechoslowakei war vor dem Kriege die kommunistische Partei eine wichtige politische Kraft. Die Traditionen der kommunistischen Bewegung in Deutschland sind allgemein bekannt. Mehr noch – die deutschen Kommunisten konnten nach dem Kriege die Karte ihres Antifaschismus ausspielen. In Polen kam das nicht in Frage. Und vor dem Kriege war die kommunistische Partei in Polen kläglich schwach, sie spielte buchstäblich keine Rolle im Leben der Nation.

Das Land war bäuerlich, landwirtschaftlich geprägt, im Vergleich mit Deutschland oder der Tschechoslowakei zivilisatorisch rückständig, die Zahl der Arbeiter gering, politisch erzogen wurden sie von der sehr antirussischen und sehr antikommunistischen polnischen Sozialdemokratie. Die

Staatsmacht der Nachkriegszeit mußte sich folglich notwendigerweise auf das konservative, mißtrauische, glühend katholische bäuerliche Element stützen. Eben dieses bäuerliche Element zog später im Rahmen der weiträumig angelegten Industrialisierungsprozesse in die großen Städte. So erzeugte das kommunistische Programm des zivilisatorischen Fortschritts, der Festigung sozialistischer Eigentumsverhältnisse unter den besonderen polnischen Bedingungen, seine für die Staatsmacht giftigen Früchte. Der Staat trug bäuerlichen Charakter, sogar der Parteiapparat war fast ausschließlich bäuerlich, also schlecht geeignet für Lenkungsaufgaben und geneigt zur Rebellion im Namen des eigenen Partikularinteresses. Auch das muß man in Erwägung ziehen bei der Beschreibung der polnischen Revolution, die den Sturz des kommunistischen Systems in ganz Europa zur Folge hatte.

Diese Revolution wurde sehr sorgfältig vorbereitet – im intellektuellen Sinn, auch theoretisch. Im Laufe der letzten zwanzig Jahre nützte die polnische Intelligenz die vielfältigen Vorbilder der eigenen Vorfahren, der aufgeklärten Schicht der Nation gegen Ende des 19. Jahrhunderts. Damals arbeiteten die gebildeten Polen unter beinahe hoffnungslosen Bedingungen, als buchstäblich nichts die Chance einer Wiedergeburt Polens ankündigte, an alternativen Programmen für einen künftigen souveränen Staat. Eine ähnliche Situation entstand zur Zeit der Diktatur Giereks, in den Jahren 1970 bis 1980, besonders aber nach der Verhängung des Kriegszustandes durch General Jaruzelski, das heißt in den Jahren 1982 bis 1989.

Zu den dringlichen Aufgaben gehört die Abfassung einer wissenschaftlichen Darstellung dieses Zeitabschnitts. Damals geschahen in Polen erstaunliche und in der Geschichte Europas beispiellose Dinge. Zahlreiche Gruppen arbeiteten unter den Bedingungen der Geheimhaltung und Konspiration an allerlei sozialen, politischen, wirtschaftlichen Programmen für den künftigen Staat, verfolgt von der Polizei (wenngleich, das muß man hinzufügen, die Polizei damals ohne tiefere Überzeugung wirkte), bedroht mit Gefängnis oder, die gelindeste Variante vorausgesetzt, mit Verlust der Arbeit, was im System des kommunistischen Etatismus dem langsamen Hungertod gleichkam. Schon Mitte der achtziger Jahre waren Programme fertig für die territoriale Selbstverwaltung, für ein neues Gerichts- und ein neues Bildungssystem, neue Konzeptionen hinsichtlich der Eigentumsproblematik, Projekte für die Reform der Polizei, der Staatsverwaltung, des Hochschulwesens, der Armee, ferner alternative Modelle für eine souveräne Außenpolitik des Staates. Diese Riesenarbeit führten Gruppen hervorragender Spezialisten auf verschiedenen Gebieten aus – in der Hoffnung, irgendwann einmal, möglicherweise erst in der nächsten Generation, würde das Land seine Freiheit wiedererlangen und versuchen, aus den Trümmern des Kommunismus mit dem Aufbau eines demokratischen Staates zu beginnen.

Ich glaube, nur die Polen konnten dieses Werk vollführen. Nicht weil sie so großartig und begabt sind, sondern gerade aufgrund ihrer Unvollkommenheiten. Die Polen sind eine Nation von Pechvögeln. Zwei Jahrhunderte lang waren sie in Europa die Prügelknaben. Die Dauerhaftigkeit der europäischen Ordnung im 19. Jahrhundert basierte auf dem Leichnam Polens. Und das kümmerte niemanden mit Ausnahme des edlen Lord Byron und einiger Gruppen unausgegorener deutscher Studenten. Im 20. Jahrhundert errang Polen zwar seine Unabhängigkeit wieder, doch nur für zwanzig Jahre, dann wurde es von der Kumpanei Hitler-Stalin ermordet.

Angeblich haben die Polen den Krieg gegen Hitler gewonnen, sie waren nämlich Bundesgenossen der Großmächte, dennoch muß man diesen Sieg unter die Märchen einreihen. Sechs Millionen polnischer Staatsbürger wurden ermordet, ein Drittel des Staatsgebietes wurde an die UdSSR angeschlossen, und als Entschädigung gab Stalin Polen – mit Zustimmung Englands und der USA – die Ostgebiete des Deutschen Reiches, was bewirkte, daß jeder Pole, auch der am schärfsten antisowjetische, sich mit einer Kette der Angst vor dem deutschen Revisionismus an Moskau geschmiedet fühlte.

Dann kamen die vierzig süßen Jahre der kommunistischen Tyrannei. Ich glaube, die Polen hatten einfach genug von ihren alten Illusionen, ihren alten Hoffnungen und ihren alten politischen Optionen. Ein mächtiger Motor der revolutionären Umgestaltungen in Polen war neben der Feindseligkeit gegenüber dem russischen Kommunismus auch die Verachtung für das krämerische, feige und politisch dumme Europa. Denn seine Dummheit unterliegt ja wohl keinem Zweifel. Jahrelang betrieb es in bezug auf Moskau eine Politik vom Typ München und bildete sich dabei ein, man könne den Menschenfresser mit Rasierwasser bestechen.

Die Polen gelangten einfach zu der Überzeugung, sie könnten nur auf sich selbst zählen. Zum erstenmal in ihrer Geschichte wurden sie kalt, berechnend, egoistisch und sehr selbstsicher. Sie hatten nicht die Absicht, irgendwelche Opfer zu bringen, weder zugunsten der Erhaltung der bisher gültigen Ordnung in Europa noch zugunsten ihrer Beseitigung. Sie hängten ihre alten Ehrvorstellungen an den Nagel und nutzten sogar etwas so Zweifelhaftes aus wie die KSZE-Schlußakte. Schweigend überdauerten sie Andropow und Tschernenko, ja selbst die ersten Regierungsjahre Gorbatschows, dem sie übrigens nie trauten. Sie ließen sich nicht täuschen von irgendwelchen Sirenenklängen kommunistischer Liberaler, die der Gesellschaft die Fiktion einer Partnerschaft mit der Staatsmacht vorschlugen. Konsequent, einsam, immer gefaßt auf Enttäuschungen, die man noch einmal würde überstehen müssen, strebten sie einem einzigen Ziel zu. Es ging um eine Kleinigkeit – den Sturz des Kommunismus!

Noch vor drei Jahren wurden die Polen in Washington, Paris und London ausgelacht. Bonn erwähne ich gar nicht, weil der westdeutsche Opportunismus immer eine Rechtfertigung fand, mit Rücksicht auf die Existenz der DDR.

Der Westen behandelte Walesa als Symbol eines sehr malerischen und heroischen, aber bereits veralteten polnischen Abenteuers. Andere polnische Dissidenten hielt man für nette, aber ein bißchen gefährliche Verrückte.

Genau vor zwei Jahren, als in Polen nach dem Kriegsrecht die ersten großen Streiks in Danzig und Krakau ausbrachen, zitterten die politischen Eliten des Westens vor Angst, die unverantwortlichen Aktionen der Polen könnten der heiligen Perestrojka Gorbatschows schaden, als ob die Perestrojka, das heißt die Reform des Systems von oben her, mit Hilfe von Dekreten eines klugen Kaisers, irgendeinen Einfluß haben könnte auf den Verlauf der Geschehnisse im Imperium.

Heute ist es keine Kunst, schlau daherzureden über die zentrifugalen Tendenzen in der UdSSR, die Welle der Nationalismen, die Konflikte der Völker, die Angelegenheiten der baltischen Republiken, Zentralasien usw. Einige polnische Sowjetologen haben dieses Drehbuch schon vor zehn Jahren geschrieben. Sie dachten damals an das nationale Interesse, sie skizzierten Varianten einer polnischen Politik gegenüber Litauen, Weißrußland und der Ukraine. In Washington hielten die Berater des Weißen Hauses diese Polen für Halbidioten.

Eine der Quellen der polnischen Revolution war also die Verachtung und das Überlegenheitsgefühl. Nicht nur hinsichtlich der Kommunisten. Auch hinsichtlich der westlichen Demokratie.

Zugegeben, das ist kein gutes geistiges Gepäck für die Zukunft, für den neuen Weg, den Polen jetzt geht. Mehr noch, wie das im Leben so geht, sind die Polen nicht mehr die einzigen; die Neugier und den Beifall der Welt ziehen jetzt andere auf sich. Es ist menschlich, daß die polnischen Verdienste im Kampf gegen das kommunistische System ziemlich schnell vergessen wurden. Das ging so weit, daß, als der Kanzler Kohl in Dresden der „Solidarność" für das dankte, was sie in diesem Teil Europas für die Demokratie getan hatte, die Bürger der DDR pfiffen... Die Bürger der DDR sind der Meinung, sie allein hätten ohne jede Hilfe und Anregung das System Honecker gestürzt. Das ist sehr menschlich, sehr natürlich und bezeugt nur eines, daß nämlich die Menschen immer und überall die Mythen der Wahrheit vorziehen, wenn die Mythen schöner sind als diese Wahrheit.

Doch die Polen fühlen sich wieder ein bißchen frustriert, was sie keineswegs müßten; denn vor gar nicht langer Zeit hat die Überzeugung von der Undankbarkeit und Kurzsichtigkeit des Auslands, von der polnischen Vereinsamung usw. usf. sie zu einer kolossalen geistigen Anstrengung mobilisiert und in den letzten Monaten zu ungeheuren materiellen Opfern im Zusammenhang mit der Wirtschaftsreform.

Diese Reform ist auch die Ursache einer gewissen Enttäuschung. Erstens konnte es vielen so scheinen, als käme die Besserung schnell, fast sogleich nach dem Sturz der kommunistischen Regierung. Statt der Besserung kam eine Verschlechterung, was übrigens die Fachleute und die Regierung Mazowiecki vielfach angekündigt hatten. Doch jede Gesellschaft auf Erden, besonders eine so erschöpfte und ausgebeutete wie die polnische, hört nur, was sie hören will.

Zweitens ist wieder das unangenehme Gefühl zu Wort gekommen, die Geschichte habe Polen erneut zum Narren gehalten. Die Polen haben den Boden ihres Staates um und um gewühlt, sie wissen, worauf sie notgedrungen verzichten müssen, sie haben ihre Revolution in Übereinstimmung mit dem Recht durchgeführt, nicht nur unblutig, sondern auch mit dem Gefühl für das richtige Maß und ohne die Menschenwürde ihrer Gegner mit Füßen zu treten, was man leider nicht von den Ereignissen in Berlin noch von den Ereignissen in Prag sagen kann, und dennoch behandelt Europa sie schlechter, weniger freundlich als die übrigen Mitwirkenden bei dem Erdbeben am Rande des Imperiums. Das betrifft vor allem die Situation in der DDR, die die Polen mit immer größerem Unwillen, aber auch mit Abscheu beobachten. Gewiß ist das zum Teil vom Neid diktiert, denn die Deutschen aus der DDR, diese trägen Nachzügler, die ganz am Ende der Gruppe dem Wagen der Freiheit nachjagten, erhalten heute die Reform halb umsonst, als Geschenk ihrer reichen Brüder im Westen. Doch neben dem Neid kommt noch eine andere Abneigung zum Vorschein, die meiner Meinung nach sehr gefährlich und dazu leider berechtigt ist. Die Deutschen in der DDR benehmen sich ohne ein Fünkchen jener Demut, die dieser Gesellschaft anstünde. Das erinnert an die für die deutsche Nation unsympathischsten Charakterisierungen aus der Vergangenheit, besonders an Churchills berühmten Satz, diese Menschen sprängen dir an die Kehle, wenn sie stark sind, und würfen sich dir zu

Füßen, wenn sie sich schwach fühlen. Es ist peinlich, aber in keinem kommunistischen Land hat die Gesellschaft der Staatsmacht so lange gehorcht wie in der DDR, und nirgendwo wurde sie so verbissen antikommunistisch wie in der DDR.

Ich komme auf die polnischen Angelegenheiten zurück. Frustration begünstigt keine optimistischen Prognosen. Die Menschen sind heute müde, das Land braucht ameisenfleißige Arbeit von Grund auf, nicht aber Improvisation, worin die Polen konkurrenzlos sind. Systematische Anstrengung, Tage ohne Glanz, die Eintönigkeit der Demokratie, die überall vorhandene Armut, deren Ende nicht abzusehen ist, das alles kann die Menschen dazu geneigt machen, falsche, aber leichtere Lösungen zu suchen, einen Peronismus à la polonaise, übergossen mit der pikanten Soße der Fremdenfeindlichkeit. Erst jetzt läßt sich genau erkennen, wie sehr sich die Erziehung des Kommunismus der Geister bemächtigt hat. Die Polen waren und sind in ihrer überwiegenden Mehrheit Antikommunisten, gleichzeitig aber denken große soziale Gruppen in den Kategorien der kommunistischen Utopie. Die Arbeiter zum Beispiel sind tief überzeugt, sie bildeten die führende Klasse, ihnen stünden die Entscheidungen von historischer Tragweite zu. Die Bauern, die sich nicht ohne Grund für den Hort der Opposition im Lauf der Nachkriegsjahre halten, sind tief enttäuscht über den Verlust der Privilegien, die ihnen die kommunistische Planwirtschaft garantierte. Der freie Markt vernichtet die kleinen Bauernhöfe, das kommunistische System ermöglichte ihnen die ökonomische Existenz. Die große Errungenschaft der frühen „Solidarność"-Jahre, nämlich das Bündnis der Welt der Arbeit mit der Intelligenz, steht nicht mehr so fest wie früher. Die Demokratie hat das Spiel widersprüchlicher Interessen in Gang gesetzt.

Die polnische Nation hat nach Jahren den Felsen des Kommunismus abgewälzt, und nun stellt sich heraus, daß unter diesem Felsen nicht alles so sauber, schön und uneigennützig ist, wie es den geistigen Freiheitskämpfern schien. Die Freiheit ist auch eine Art Herausforderung. Eine Herausforderung, die der Klugheit und der Dummheit, dem Licht und der Dunkelheit, dem Fortschritt und der Rückständigkeit gleiche Rechte verleiht. Unter der Herrschaft der Kommunisten konnte es so scheinen, als wären alle Polen redlich und uneigennützig, weil sie alle um die Menschen- und Bürgerrechte kämpften. Heute gibt sich niemand mehr derartigen Illusionen hin.

Persönlich gehöre ich zu den gemäßigten Optimisten, bin aber der Ansicht, daß eine Erschütterung der Demokratie in Warschau möglich ist. Das wäre ein großer Verlust, für Polen wie für Europa. Es täuscht sich, wer glaubt, man könne Polen in seiner geopolitischen Rolle ersetzen, in seiner historischen Funktion einer Brücke, eines Stegs, einer flachen Furt, die Europa mit Asien verbindet. Ohne Rußland aber, ohne Einbeziehung Rußlands in den europäischen Kontext ist alles Gerede von der Einheit des Kontinents und seiner Sicherheit absurd. Gerade deshalb liegt der Schlüssel für die Einheit und Sicherheit Europas in Warschau. Und das ist durchaus keine polnische Großmanssucht, sondern eine Folge der Entwicklung historischer Ereignisse. *(Übersetzung von Klaus Staemmler)*

Die Anklage hat keine guten Karten

In Handschellen werden im Juli 1984 der polnische Bürgerrechtler Adam Michnik und ein vollbärtiger Mithäftling auf die Anklagebank eines Warschauer Militärgerichts geleitet. Insgesamt vier polnische Intellektuelle sind in dem Verfahren angeklagt, als führende Köpfe des oppositionellen „Komitees zur gesellschaftlichen Selbstverteidigung — KOR" versucht zu haben, „gewaltsam die Gesellschaftsordnung zu stürzen und die Verteidigungskraft der Volksrepublik durch einen Bruch der Bündniseinheit mit der Sowjetunion zu schwächen". Die vier Männer, die auch zu den Taufpaten der inzwischen für illegal erklärten Gewerkschaft „Solidarność" zählen, waren nach Verhängung des Kriegsrechts im Dezember 1981 festgenommen worden. Sie haben sich vorgenommen, den Schauprozeß gegen sie ihrerseits zur Verurteilung kommunistischen Machtmißbrauchs zu nutzen. Aber die Verhandlung wird abgebrochen und Michnik aufgrund einer Amnestie freigelassen.

Die Kirche ist auf der Seite der Streikenden

Bei einer Messe unter freiem Himmel gedenken streikende Arbeiter der Danziger Lenin-Werft am 31. August 1988 ihrer bei früheren Aufständen umgekommenen oder eingekerkerten Kollegen, ehe sie sich dann in langen Reihen anstellen, um vor zwei Priestern die Beichte abzulegen. Hier auf dem Danziger Werftgelände hatte der Arbeiterführer Lech Walesa acht Jahre zuvor die freie Gewerkschaft „Solidarność" ausgerufen, die aus dem politischen Leben Polens fortan nicht mehr wegzudenken ist — trotz des 1981 über sie verhängten Verbots. Die „Solidarność" erweist sich neben der katholischen Kirche als die zweite große oppositionelle Kraft des Landes.

SoliDAR
PALNIA Jani

Ein Verbot wird mißachtet

Trotz des Verbots der Gewerkschaft „Solidarność“ bei der Verhängung des Kriegsrechts im Dezember 1981 beherrscht ihr kämpferischer roter Schriftzug weiter die polnische Öffentlichkeit. Bergarbeiter im polnischen Kohlenrevier tragen ein „Solidarność“-Transparent bei einem traditionellen Umzug. In Kirchen sind Seitenaltäre mit „Solidarność“-Fähnchen und den Bildern Lech Walesas und anderer Arbeiterführer geschmückt. Es gibt Untergrundzeitungen der „Solidarność“ und Anstecknadeln mit ihrem Namenszug.

Der Mord an dem Priester Popieluszko

Seit Oktober 1984 ist das Grab des ermordeten katholischen Priesters Jerzy Popieluszko vor der Stanislaw-Kostka-Kirche im Warschauer Vorort Zoliborz Wallfahrtsziel Hunderttausender von Polen. Der Geistliche hatte sich bei der kommunistischen Führung unbeliebt gemacht, weil er in der kleinen Kirche in „Messen für das Vaterland" die verbotene Gewerkschaft „Solidarność" unterstützte. Am 19. Oktober 1984 wurde der 37jährige Priester auf einer Landstraße von drei Geheimdienstagenten gekidnappt und nach brutalen Mißhandlungen in der Nähe von Thorn in einen Stausee geworfen. Seine Mörder – ein Hauptmann und zwei Oberleutnants des Sicherheitsdienstes – werden später zu langjährigen Freiheitsstrafen verurteilt. Der Hauptangeklagte Hauptmann Piotrowski erklärt im Verhör: „Ich habe die politischen Äußerungen des Priesters für gefährlich gehalten, Popieluszko ist ein Aufwiegler gewesen." Obwohl die Mörder behaupten, aus eigenem Antrieb gehandelt zu haben, weist vieles darauf hin, daß sie das Verbrechen im Auftrage eines Generals aus dem Innenministerium begingen.

Angriff auf die Zentrale der KP

In Warschau und anderen polnischen Städten häufen sich Ende der achtziger Jahre antikommunistische Demonstrationen. Nur mit Mühe gelingt es der Miliz, junge Anhänger der „Solidarność“ daran zu hindern, das Warschauer Hauptquartier der Vereinigten Polnischen Arbeiterpartei zu stürmen. Das Ansehen dieser kommunistischen Organisation, die seit Kriegsende die wichtigsten Regierungsposten besetzt, ist auf den Nullpunkt gesunken. Die Kommunisten werden für die schweren Menschenrechtsverletzungen der Vergangenheit, für die schlechte Versorgungslage und für die hohe Auslandsverschuldung verantwortlich gemacht. Ohne grundlegende Reformen drohen dem Land Bürgerkrieg und Staatsbankrott.

Die Wende beginnt am Runden Tisch

Gespräche am „Runden Tisch", zu denen sich vom Februar 1989 an in Warschau Vertreter der Regierung und der Opposition treffen, leiten in Polen eine historische Wende ein. Die kommunistische Regierung wird bei den Verhandlungen von Innenminister Kiszczak vertreten. Leiter der Oppositionsfraktion ist Arbeiterführer Lech Walesa von der offiziell noch immer verbotenen Gewerkschaft „Solidarność". Am 4. April wird das Ergebnis der Gespräche bekanntgegeben: Freie Wahl eines neu zu schaffenden Senats und Übernahme von 35 Prozent der Mandate eines neu zu wählenden Parlaments durch die Opposition. Uneingeschränkt demokratische Wahlen in vier Jahren. Offizielle Wiederzulassung der „Solidarność". Zugang der oppositionellen Gruppen zu den Medien und damit weitgehende Pressefreiheit.

Neue Männer in der ersten Reihe

Bei einer Militärparade anläßlich des 50. Jahrestages des deutschen Überfalls auf Polen steht der kommunistische Staatspräsident General Wojciech Jaruzelski im September 1989 zum erstenmal in der Öffentlichkeit zwischen zwei führenden Vertretern der einst von ihm verbotenen „Solidarność“: dem gerade zum Ministerpräsidenten gewählten katholischen Publizisten Tadeusz Mazowiecki und Gewerkschaftsführer Lech Walesa, der Chancen hat, eines Tages selber Staatsoberhaupt zu werden. Mazowiecki ist auch mit Unterstützung von Kommunisten Regierungschef geworden. Im erstmals gewählten Senat verfügt ein Bürgerkomitee „Solidarność“ über 99 von 100 Sitzen. Die erste unter nichtkommunistischer Führung stehende Regierung eines osteuropäischen Staates verspricht den Polen Rechtsstaatlichkeit und Marktwirtschaft.

Der Sieg ist errungen, aber das Geld knapp

Stehend spenden amerikanische Kongreßabgeordnete Beifall, als im November 1989 Lech Walesa an das Rednerpult des Parlaments tritt. Der inzwischen mit dem Friedensnobelpreis ausgezeichnete „Solidarność"-Führer wirbt auf einer Goodwill-Tour durch die Vereinigten Staaten um Unterstützung für die angeschlagene Wirtschaft Polens, das kaum noch die Zinsen für die hohen Kredite aufbringen kann, die das Land in früheren Jahren im Ausland aufgenommen hat. Eine von US-Präsident George Bush bei einem Staatsbesuch im Juli zugesagte Finanzhilfe von 115 Millionen Dollar wirkt angesichts der Milliarden, die Warschau zum Aufbau einer funktionierenden Wirtschaft braucht, nur wie der berühmte Tropfen auf dem heißen Stein.

Die Sowjets ziehen sich zurück

Jahrelang lebten viele Polen in der Furcht, die Sowjetunion werde einen Sturz der kommunistischen Regierung in Warschau nicht hinnehmen und notfalls Truppen gegen oppositionelle Arbeiter einsetzen. Aber in Moskau ist kein Stalin, Chruschtschow oder Breschnew an der Macht, sondern der Reformer Michail Gorbatschow. Als ein Mann der „Solidarność" polnischer Ministerpräsident wird, reagieren die Sowjets nicht mit Truppenverstärkung, sondern mit dem Abzug von Panzern. Bei Sagan in Südpolen rollen sie auf Spezialwaggons der Eisenbahn friedlich Richtung Heimat. 1990 ziehen die Sowjets mehr als 10 000 Mann ihrer noch in Polen stationierten 58 400 Soldaten ab.

878

Polnische Ängste an Oder und Neiße

Die bevorstehende Vereinigung der beiden deutschen Staaten löst unter der polnischen Bevölkerung in den ehemals deutschen Gebieten jenseits der Oder-Neiße-Linie (auf dem Foto bei Gebice) Ängste aus. Viele der heute im östlichen Pommern und in Schlesien lebenden Polen stammen aus Gebieten, die nach dem Kriege sowjetisch wurden. Ohne den von Hitler vom Zaun gebrochenen Krieg könnten sie noch heute in ihrer alten Heimat leben. Jetzt haben sie Angst, die mächtigen Deutschen könnten auch eine Vereinigung mit ihren verlorenen Provinzen anstreben. Zwar erkennen beide deutschen Regierungen die Oder-Neiße-Grenze seit langem an, aber Vertriebenenfunktionäre protestieren öffentlich dagegen.

A
ŃSTWA
SCIE
IONE

Revolution in der DDR: Wo liegt euer Lächeln begraben?

Von Konrad Weiß

Der graue Beton hat mein halbes Leben geprägt. Ob ich es wollte oder nicht, immer wieder stieß ich gegen die graue Mauer in mir, außer mir. Das bunt und freundlich besprayte Kunstwerk, das nun brockenweise an die Pilger verkauft wird, war auf meiner Seite, der Vorderseite, immer nur grau. Es war abstoßend und häßlich. Die Mauer machte mir Angst und böse Träume. Ich haßte die grauen Wachtürme, die grauen Wände, die grauen Bäume dahinter. Ich haßte die grauen Soldaten. Haßte die Vögel, die über die Mauer flogen. Achtundzwanzig Jahre grauer Beton: das war „lebenslänglich".

Meine Kinder sind mit der Mauer großgeworden. Die Mauer war älter als sie. Die Großstadtwiese, auf der meine Kinder laufen lernten, wurde von der Mauer begrenzt. Neben ihrem Spielplatz ragte ein Wachturm auf. Scharfgequälte Hunde liefen jenseitig an langen Drähten. Sie bellten wie toll, wenn die Kaninchen, die im Niemandsland hausten, sich zu nahe an die Staatsgrenze gewagt hatten – eine mörderische Idylle. Für die Soldaten müssen die Kaninchen und die Kinder eine willkommene Abwechslung im öden Wachtag gewesen sein. Ein Höhepunkt im Ehrendienstdasein aber war es, wenn einmal ein bunter Ball über die Mauer geflogen war. Nach langwierigen Telefonaten mit einem unsichtbaren Hauptquartier durfte zuweilen der Ball den Kindern zurückgeworfen werden. Was aber wäre geschehen, wenn eines, vom fröhlichen Frieden des Spielplatzes getrogen, über die Mauer geklettert wäre?

Auf meiner Seite war die Mauer grau und gewöhnlich. Die Holzkreuze stehen auf der bunten Seite. Diesseitig war vor den Beton eine Mauer aus Schweigen gesetzt. Wir hatten gelernt, mit der Mauer zu leben. Wir waren das Volk der Eingemauerten. Hinter der Mauer standen mancherorts hölzerne Tribünen, Logenplätze, von denen aus das Publikum aus sicherer Entfernung hinter den Eisernen Vorhang blicken und fotoklicken konnte. Ich habe mich oft gefragt: Was empfinden die Köpfe da oben, wenn sie auf mich herunterglotzen? Betrachten sie mich als Darsteller, meine Stadt als Kulisse in einer Supershow? Disneyland Ost-Berlin, The Wall? Ich habe diese Stellen immer gemieden. Geriet ich einmal in ihre Nähe, kam ich mir vor wie nackt. Deshalb war mir das Wort vom Eisernen Vorhang fremd. Es war harmlos und ungenau. Es war einseitig gedacht. Im Theater hebt sich der eiserne Vorhang, wenn es auf der Bühne lebendig wird. Nur wenn Gefahr droht, wird er geschlossen. Der eiserne Vorhang ist eine nützliche Sache, die Leben bewahren soll. Das sollte die Mauer nie. An der Mauer sind Menschen gestorben. An der Mauer sind Menschen zerbrochen.

Was hat die Mauer mit mir gemacht? Drei Jahrzehnte grauer Beton bleiben nicht ohne Folgen. Auch wenn ich es mir nicht eingestehen wollte, ich bin ein Gefangener gewesen, entmündigt und unfrei, abhängig und gehorsam gemacht. Womit soll ich mich rechtfertigen? In Zorn und Gewöhnung, in Ohnmacht und Angst, in Haß und Hoffnung leben wir, das Volk der Eingemauerten. Es gab die kleinen Freuden und das große Glück; niemand erträgt es, lebenslänglich zu leiden. Die Freiheit zu leben mußte erkauft werden mit dem leeren Blick auf den grauen Beton, mit dem Verstummen, dem Vergessen. Viele, die das nicht ertragen konnten, haben sich in Krankheit oder Tod gerettet, sind geflohen oder ausgereist. Wenige haben Widerspruch und Widerstand gewagt. Die meisten haben sich angepaßt, sind mitgegangen, waren mitgefangen.

Doch das ist nur ein Teil der Wahrheit. Das allein hätte nicht genügt, die Mauer achtundzwanzig Jahre lang zu ertragen. Uns war das Unrecht bewußt. Doch es gab auch den Glauben an ein besseres Land. Niemand kann ohne Hoffnung leben. Die Menschen waren aus dem Krieg heimgekehrt, voll Entsetzen über das, was ihnen geschehen war, was sie getan, geduldet hatten. Voll Entsetzen über ihre Schuld. Auferstanden aus Ruinen, wollten sie Baumeister eines blühenden Deutschland werden, einer besseren Welt. Das war so, auch wenn es viele heute nicht mehr wahrhaben wollen. Die verlorenen Träume verursachen den heftigsten Schmerz.

Die Tragik der Zeit war es, daß jene, die aus den Gefängnissen, der Emigration heimgekehrt waren, wo sie ihre besten Jahre zugebracht hatten, weil sie keine Tyrannei wollten, nun selbst zu Tyrannen wurden. Das, was sie über das Geschehen im Land ihrer Ideale wußten oder ahnten, konnten sie sich nicht eingestehen. So wurden sie selbst zu Mitläufern, zu Tätern, zu Verbrechern. Die anderen aber, die schon einmal dumpf geschwiegen hatten, fielen zurück ins Schweigen. Die Kinder der einen und der anderen übernahmen die Lebensmuster, wurden selbst Schweigende oder Täter. Der Traum vom besseren Land verkam im Streit um die Macht. Der Kalte Krieg hatte begonnen.

Das Volk, das für diesen Krieg rekrutiert wurde, folgte widerwillig — aber es folgte. Damals schon wurde die Mauer in den Köpfen vorgebaut. Die Abwehrkräfte waren seit langem erschöpft. Demokratie war zur hohlen Phrase geworden. Das Gebräu aus Lügen und Wahn, aus Dummheit und Ignoranz hatte seine Wirkung gezeigt. Der offene, schlimmer noch der versteckte Terror hatte seine Folgen. Die Menschen trauten den eigenen gesunden Gedanken nicht mehr. Sie wagten es nicht, die Wahrheit zu denken, geschweige denn zu sagen. Die Keller und Zellen der GPU, dann des Staatssicherheitsdienstes wirkten auch auf jene, die sie nie am eigenen Leib erlitten hatten. Im Land stand eine Siegerarmee, die ihren eigentlichen Feind im Rükken, im Heimatland hatte. Stalin war kein Phantom, er war nackte Gewalt.

Hoffnung und Glauben, Angst und Verzweiflung, Feigheit und Resignation, Anpassung und Gewöhnung — es war allzu menschlich, woraus die Mauer gebaut werden konnte und weshalb sie so lange erduldet worden ist. Keiner, der in sicherer Freiheit lebte, konnte uns, die Eingemauerten, verstehen. Das wird eine Last bleiben für die Deutschen. Das sind Welten in uns, die uns trennen, auch wenn wir vereinigt sind. Zwölf Jahre Nazideutschland, vierzig Jahre DDR sind drei Generationen, die Demokratie nicht gelernt haben, die falschen Propheten gefolgt sind, die rein an Ideale und Ideen geglaubt haben und dabei schändlich mißbraucht worden sind. So sind die Deutschen nun mal, höre ich leichtfertig sagen, gehorsam, geduldig, geduckt. Sind so die Deutschen? Ich habe nie an kollektive Tugenden und Laster geglaubt. Feiglinge und Mitläufer gibt es auch in anderen Völkern. Helden sind überall rar.

Kaum jemand hat mich bei den seltenen Besuchen im Westen verstanden, wenn ich sagte, ich gehe zurück. Wie nur kann man freiwillig in das Gefängnis zurückkehren, dem man zugleich doch entfliehen möchte? Es gab immer die Minuten bei der Rückkehr, zwischen Bahnhof Zoo und Friedrichstraße, in denen sich die Frage übermächtig, ja elementar stellte: Fahre ich weiter, oder steige ich aus, bleibe. Für mich gab es niemals eine Alternative für das Land hinter der Mauer, für die Heimat, die Familie, den Beruf, den kleinen Frieden. War es wirklich eine Rückkehr ins Gefängnis? Ja, vielleicht für ein paar Augenblicke, wenn die Mauer draußen vor dem Zugfenster näher kam, vorbeizog, hinter mir lag; wenn die Grenzer unfreundlich und neidisch den Paß beäugten; wenn der Zoll die mitgebrachten Zeitungen und Bücher beschlagnahmte. Aber schon das Grau der Straßen war wieder Heimat. Ich weiß, wer immer nur von draußen gekommen ist und beliebig zurückgehen konnte, versteht das nicht.

Auf den Landkarten wird es das Land hinter der Mauer bald nicht mehr geben; würde es heimkehren nach Deutschland, wäre es gut. Vielleicht wird das eines Tages geschehen sein. Zunächst aber wird mein Deutschland einverleibt und aufgesogen vom anderen, das stärker, mächtiger, gesünder ist. Es wird auseinanderfallen in seine neuen, alten Länder und sich gefügig dem Bund eingliedern lassen. Zusammenwachsen aber, wie wir es erhofft hatten, wird es nicht; weil wir so schändlich um unsere Hoffnung betrogen wurden, blieb uns keine andere Wahl. Aber in uns wird das Land weiterleben, unser Leben lang. Und erst, wenn der letzte gestorben sein wird, dem die Deutsche Demokratische Republik einmal Heimat war, wird sie ausgelöscht sein.

Wird das, was bei uns gewachsen war, bleiben? Was wird aus den Errungenschaften, dem Stolz der allmächtigen Partei? Sie standen auf tönernen Füßen wie der ganze Koloß und sind in sich zusammengesunken. Aus dem Trümmerhaufen bergen wir mühsam das eine und andere Bruchstück, Staat ist damit nicht mehr zu machen. Für unsere Sicherheiten, auch die sozialen, zahlten wir einen zu hohen Preis. Heute wissen wir es. Besucher, die in das Mauerland kamen, bemerkten oft menschliche Wärme und Solidarität, bewunderten den Schöpfergeist, der notwendig war, den Alltag zu meistern. Ich habe auf diese touristischen Urteile nie viel gegeben, da wurden zu sehr die eigenen Wünsche und

Ideale projiziert. Die lähmende Einsamkeit, die Vereinzelung wurde übersehen, die Fluchten in die Arbeit, in den Alkohol, in den Selbstmord, in die Scheidung: Das ganze Land war liebeshungrig. Auch das erklärt das Wahlergebnis vom 18. März.

Dennoch gab es sie, die Errungenschaften. Das Land war bettelarm aus dem Krieg gekommen. Was aufgebaut ist, wurde aus eigener Kraft geschafft. Mit den bloßen Händen räumten die Trümmerfrauen den Schutt. Es war ein guter Anfang, der ein besseres Ende verdient hätte. Die Schuldigen des Krieges wurden gerecht bestraft; aber die Willkür und Ungerechtigkeit im Land, die so viele Unschuldige getroffen hat, stellt nun auch die gerechten Urteile in Frage. Das Land hat anderen ehrlich geholfen, aber die Unterstützung für Mörder und Terroristen, der Handel mit Waffen, die Ausbildung von Folterknechten, die schmutzigen Hilfsdienste für Unterdrückungsregime entwerten auch unsere helfende Solidarität. Nicht einmal unsere nachbarschaftliche Nähe zu den Völkern im Osten wurde von den Ideologen geachtet. Ihr blinder Haß auf den Prager Frühling, die polnische Solidarność, die Perestrojka Gorbatschows hat uns, die Ostdeutschen, im Osten verfemt.

Bleibt die Kultur, bleiben die Bücher, Stücke, Filme, Bilder, Lieder, bleiben die geretteten Dome und Kirchen, die wiederaufgebauten Schlösser. Bleibt die Kultur? Auch diese Bilanz wird kläglich. Die Städte sind verkommen, verfallen, verödet. Landschaften wurden für immer zerstört, Schöpfung wurde vernichtet, die Umwelt vergiftet. Zahllose Kunstwerke blieben ungeschaffen oder wurden verstümmelt. Die Universitäten waren Kaderschmieden, in die Akademien wurden Untertanen gekürt. Die Wissenschaft sollte die Hure der Partei sein. Doch es hat auch die freie Lehre gegeben, die geistvolle Forschung, die widersprechenden, die widerstehenden Intellektuellen und Künstler. Auch unsere Wirklichkeit hatte zwei Gesichter, auch unsere Wahrheit ist ambivalent. Immer bleiben uns die bösen Träume nach dem Erwachen länger und deutlicher vor Augen. Doch ich weiß, daß mit den Jahren die Erinnerung ihre Bitternis verliert.

Die Deutschen dürfen es sich nicht leichtmachen mit ihrer Vergangenheit. Erst wenn die eisernen Bande, die sich Herr Heinrich ums Herz gelegt hat, gesprungen sind, wird Frieden sein. Aus den Köpfen müssen die Mauertrümmer geräumt werden. Wenn aus Deutschland etwas Gutes werden soll, brauchen wir Geduld und Zeit. Auch Deutschland wird nicht an einem Tage erbaut. Ein Graffiti auf der Mauer in Pankow bringt unsere Befindlichkeit nach dem März auf den Punkt: WO LIEGT EUER LÄCHELN BEGRABEN.

In der Nacht des 9. November war dieses Lächeln lebendig. Ich war unter denen, die in der ersten Stunde an der Bornholmer Brücke den Durchbruch der Mauer, die Befreiung erlebten. Ungläubig hatte ich die Nachricht gehört, hatte mich aufgemacht wie Thomas, das Unfaßbare mit eigenen Augen zu sehen, den einen entscheidenden Schritt selbst zu tun. Diese Nacht vergesse ich nie. Es war die erste Nacht des Friedens für die Deutschen seit 1933. Diese Nacht war erfüllt von reiner kindlicher Freude. Die Menschen waren sich nah. Das Glück der einen war laut und lärmend, andere weinten und lachten sich frei. Manche waren still und in sich gekehrt. Ich habe die ganze Nacht getanzt.

Der Weg in den Herbst 1989 wurde im Juni 1953 begonnen. Zwei Generationen lang waren wir unterwegs. Unsere Schritte waren kurz und zögernd. Oft schien es uns, als gingen wir im Kreis. Widerspruch wurde nur ganz allmählich laut, Widerstand ist zaghaft gewachsen. Es blieben einzelne, die mutig waren. Das Volk verharrte lange in stummer Unzufriedenheit. Noch im Mai 1989 gaben die meisten ungezwungen ihre Stimme der SED. Ich bin an jenem Wahltag durch Thüringen gefahren. Die hübschen Dörfer waren festlich in den Farben der DDR geschmückt, feiertäglich gekleidete Menschen spazierten auf den Straßen. Junge Leute mit Klampfen zogen singend zum Wahllokal. Ich wähnte mich versetzt in meine Kinderjahre. Ich dachte: Dies Volk ändert sich nie. Mit dem wird es nie eine deutsche Revolution geben.

Haben das auch alle jene gedacht, die über die Jahre hin das Land verlassen haben? Die Zehntausenden, die im Sommer 1989 die erstbeste Gelegenheit, die sich bot, zur Flucht nutzten? Und hatten die Schriftsteller, Schauspieler, Musiker, Philosophen, die Hinterzimmerrevolutionäre und Papierdissidenten, die in all den Jahren das Land verlassen haben, auch ihren Glauben an die Veränderbarkeit der Welt verloren? Oder hatten sie es einfach nur satt, bevormundet und beobachtet zu leben, sind sie gegangen, um frei zu sein? Sie alle haben uns gefehlt. Niemandem, der ein anderes Leben gewählt hat, ist ein Vorwurf zu machen. Ich weiß, wie verzweifelt, verstümmelt, verstört viele waren, wenn sie den Antrag stellten oder die Flucht wagten. Ich kenne ihr langsames Verstummen, ihr Verlöschen, ich habe ihre leeren Blätter und Leinwände gesehen. Da war so viel Schmerz. Da war so viel Trauer um Deutschland. Aber das hätte sich keiner von ihnen eingestanden.

Diese Ausbürgerungen und Vertreibungen gehörten ebenso zum System wie das Gewähren von Reiseprivilegien für Künstler und prominente Dissidenten. So sollte das Land steril und blutleer gemacht werden. Sobald einer aus der Reihe tanzte, wurde er durch Verführung gefügig gemacht oder gewaltsam ausgeschlossen. Auf diese Weise konnte die Opposition in der DDR nur mühsam erstarken. Über Jahre hin blieben die kritischen Geister vereinsamt und zerstreut.

Die wenigen, die 1968 das gewaltsame Ende des Prager Frühlings offen beklagt und verurteilt haben, hatten für ihr mutiges Wort bitter zu zahlen. Jahre später, als Wolf Biermann ausgebürgert wurde, waren es mehr, die nicht mehr schwiegen. Aber nur wenige haben in den Jahren darauf den unablässigen Repressalien standgehalten, haben Verleumdungen und Beschimpfungen ertragen und sind im Land geblieben. Spürbarer Widerspruch entstand erst zu Beginn der achtziger Jahre mit den Friedens-, Umwelt- und Menschenrechtsgruppen. Viele davon wirkten unter dem schützenden Dach der evangelischen Kirche.

In diesen Gruppen befreiten wir uns von der Angst und den anerzogenen Zwängen, lernten eigenständig zu denken und das Gedachte auszusprechen, übten uns in ungeschminkter Kritik, übten den gewaltfreien Widerstand. Diese Gruppen weckten das Land aus seinem verwunschenen Schlaf. Sie strahlten auch auf jene aus, die nicht mutig genug waren sich anzuschließen oder lieber auf sich gestellt kämpfen mochten. Die hektografierten Blätter, die Mahnwachen, die politischen Andachten haben uns geholfen, uns dessen bewußt zu werden, was uns ungedacht und unausgesprochen unablässig beschäftigte. Es traf uns im Innersten und gab uns die Kraft zur Selbstbefreiung, für den ersten zaghaften Widerstand.

Für viele hatte das schlimme Konsequenzen. Sie wurden in ihrer beruflichen Entwicklung behindert, nicht zur Oberschule oder zum Studium zugelassen. Andere verloren ihren Arbeitsplatz. Der Staatssicherheitsdienst war überall, auch in die Gruppen waren Spitzel eingeschleust. Viele waren der entwürdigenden Beobachtung, der ständigen Entrechtung, den Verhören ausgesetzt. Jeder Schritt wurde beobachtet, die Post geöffnet, das Telefon abgehört; es gab die schlimmsten Verleumdungen und Schikanen. Unsicherheit machte sich breit, man mißtraute den besten Freunden. Wer seinen Widerstand, seinen Widerspruch öffentlich wagte, wurde verhaftet, verurteilt, abgeschoben. Es war ein perfektes perfides System.

Daß es gelungen ist, es zu zerschlagen, erscheint mir noch immer als ein Wunder. Im September 1989, unter dem Eindruck des Wahlbetrugs und der Massenflucht über Ungarn, wurde aus dem stillen der offene Widerstand. Überall im Land fanden sich Frauen und Männer in der Absicht zusammen, der SED eine neue, alternative Politik entgegenzusetzen. Es entstanden Bürgerbewegungen und neue Parteien. Auch in der SED selbst und in den ihr hörigen Blockparteien regte sich Widerstand. Die Zeit war einfach reif.

Als wir am Abend des 12. September in einer Wohnung die Bürgerbewegung „Demokratie Jetzt“ gründeten, stellten wir uns auf einen langen, dornigen Weg voller Opfer und Niederlagen ein. Stunden zuvor war das „Neue Forum“ gegründet worden, es folgten der Demokratische Aufbruch, die SPD war im Entstehen. Gemeinsam ging es uns um Demokratie und Menschenrechte, um die Abschaffung der Zensur, um Reisefreiheit. Wir forderten von der SED, ihren Führungsanspruch aufzugeben; aber so recht mochte niemand daran glauben. Auch die Einheit Deutschlands, obwohl sie bereits in unseren allerersten Thesen bedacht war, schien uns eine ferne, weltfremde Utopie. Wie kleingläubig sind wir doch allesamt gewesen!

Niemand hätte damals im September geglaubt, daß so viele unseren Ruf hören und weitertragen würden, daß aus unseren leisen Stimmen der Ruf würde: WIR SIND DAS VOLK. Wir hatten Angst und waren entschlossen, nie mehr zu schweigen. Gerieten in einen Wirbel sich überschlagender Ereignisse, erlebten in Tagen, was sonst Jahre währt. Anfang Oktober waren wir noch ein halbes Hundert beim Friedensgebet in der Gethsemanekirche. Anfang November demonstrierte im Herzen Ost-Berlins eine halbe Million. So wurde der 9. November, der Fall der Mauer unausweichlich. Das konnte nicht mehr anders sein. Das hatte die Gewalt eines Naturereignisses, folgte einem höheren Gesetz. Wir haben es uns bewiesen:

Kein autoritäres System, das seine Bürger entmündigt, ist auf die Dauer lebensfähig. Alle Tyrannen, ob einzeln, ob im Dutzend, sind sterblich. Da mag die Machtgier mit Rassen- und Klassenlehren verbrämt sein, da mögen die Ideologen Über- und Unterbauten errichten — am Ende siegt doch das einfache Menschsein, die Menschlichkeit. Die Menschen sind allemal stärker als Überwachungsapparate und Unterdrückungsmechanismen, mögen sie noch so perfekt funktionieren.

Dies sollte die wichtigste Lehre dieses alternden Jahrhunderts sein: Daß man niemanden zu einem Glück zwingen kann, das nicht sein Glück ist.

In der DDR wächst die Wut

Mit einem Fußtritt reagiert im Sommer 1987 ein junger Demonstrant in der Ost-Berliner Friedrichstraße auf die Forderung von Volkspolizisten, die Straße zu räumen. Das beim World-Press-Foto-Wettbewerb mit einem ersten Preis ausgezeichnete Foto verdeutlicht die wachsende Opposition gegen die SED-Herrschaft im östlichen deutschen Teilstaat. Mehrere hundert Mitglieder von Friedens- und Menschenrechtsgruppen werden in Ost-Berlin festgenommen, weil sie am 69. Jahrestag der Ermordung Rosa Luxemburgs für demokratische Freiheiten demonstrieren und dazu auf Transparenten die deutsche Kommunistin mit den Worten zitieren: „Freiheit ist immer nur Freiheit des Andersdenkenden".

Kerzen für die Opfer der Stasi

Der stärkste Widerstand gegen die Regierung Erich Honeckers formiert sich 1989 in Leipzig. Vom 18. September an kommt es zu Beginn jeder Woche nach den traditionellen Montagsgebeten in der Leipziger Nicolaikirche zu Demonstrationen, bei denen vor allem Reisefreiheit gefordert wird. Trotz zahlreicher Festnahmen durch den Staatssicherheitsdienst werden die Montagsdemonstrationen fortgesetzt. Die Zahl der Teilnehmer wächst von 1500 beim ersten Schweigemarsch auf eine halbe Million bei den Großdemonstrationen im November. Jetzt werden der Rücktritt der Regierung und grundlegende demokratische Reformen verlangt. Zu Ehren der Stasi-Gefangenen entzünden Leipziger Bürger jeden Abend auf den Straßen Kerzen.

nke den
DEN
von
zig !!

WACHET UND BETE
MAHNWACH
FÜRBITTE FÜR DIE
UNRECHT INHAFT

Protest gegen Honeckers Nachfolger

Am 23. Oktober 1989 kommt es auch in Ost-Berlin zu einer Montagsdemonstration. Nach einem Fürbittgottesdienst in der Gethsemane-Kirche ziehen etwa 4000 junge Leute mit brennenden Kerzen in den Händen zum Staatsratsgebäude. Sie überreichen dort einen Brief, in dem die Wahl von Egon Krenz zum Nachfolger des fünf Tage zuvor zurückgetretenen Staatsratsvorsitzenden Erich Honecker kritisiert wird. Ihre Kerzen, die an alle zu Unrecht Inhaftierten erinnern sollen, stellen sie zu Füßen der Soldaten ab, die das Staatsratsgebäude bewachen. Die Polizei greift nicht mehr ein.

Gorbi soll helfen und Honi ins Zuchthaus

Anfang November 1989 nehmen die Demonstrationen in der DDR an Heftigkeit zu. In Ost-Berlin gehen fast eine Million Menschen auf die Straße, um demokratische Reformen und ein Ende des SED-Machtmonopols zu fordern. Der sowjetische Staats- und Parteichef Michail Gorbatschow wird auf Transparenten um Hilfe angerufen. In Leipzig ziehen 500 000 Menschen durch die Innenstadt. Einige Demonstranten tragen Plakate mit dem Bild des entmachteten Erich Honecker in Sträflingskleidung. Immer häufiger werden nun bei den Demonstrationen auch Forderungen nach einer Vereinigung der beiden deutschen Staaten laut. Eine gegenteilige Losung wird im Januar auf einer Großkundgebung (mittleres Foto) vor dem sowjetischen Gefallenen-Ehrenmal in Berlin gezeigt. Zu dieser Massendemonstration hatte die ehemalige SED aufgerufen, die sich heute PDS nennt: Partei des Demokratischen Sozialismus.

0001

Freie Fahrt in den Westen

Am Abend des 9. November 1989 gibt das SED-Politbüro-Mitglied Günter Schabowski die Öffnung der Grenzen zur Bundesrepublik und nach West-Berlin bekannt. Jeder DDR-Bürger, der ausreisen wolle, könne das ab sofort. Noch in derselben Nacht strömen etwa 50 000 Ost-Berliner zu einem Besuch in den Westteil der Stadt. In den nächsten Tagen stauen sich an den Grenzstellen kilometerlange Trabbi-Schlangen – hier in Berlin und auch an allen Übergängen zur Bundesrepublik. Am Wochenende machen rund drei Millionen DDR-Bürger Ausflüge zu ihren Landsleuten im Westen.

Das Ende der Dresdner SED

In der Innenstadt von Dresden zersägen Arbeiter im Januar 1990 unter anfeuernden Rufen aus der Zuschauermenge ein ausrangiertes Riesenemblem der Sozialistischen Einheitspartei. Noch drei Monate zuvor hatten sich ausreisewillige DDR-Bürger und die Polizei am Hauptbahnhof Dresdens eine blutige Straßenschlacht geliefert. Später zog dann auch Oberbürgermeister Wolfgang Berghofer trotz seiner SED-Mitgliedschaft an der Spitze eines Demonstrationszuges durch die Elbmetropole. Jetzt im Januar erklären Berghofer und weitere 39 bekannte Dresdner ihren Austritt aus der in PDS umbenannten SED.

ALIS
NDS
IPC
0-80

Es geht auch ohne Visum

Ohne das noch vorgeschriebene Visum hatten diese drei Männer aus Werder freie Fahrt nach West-Berlin. Sie brauchten nur ihre DDR-Ausweise vorzuzeigen — und schon wurden sie von den DDR-Grenzwächtern zum zügigen Weiterfahren ermuntert. Noch hundert Jahre werde die Berliner Mauer stehen, hatte jüngst noch Erich Honecker prophezeit. Seit der Nacht zum 10. November ist sie zwar nicht „weg“, wie ein West-Berliner Boulevard-Blatt schreibt, aber für DDR-Bürger leicht zu passieren.

Staatsanwalt
des Kreises
Unglücks-Schock
Mauer ist
weg!
ab sofort durch!
weint vor Freude.
sind schon da!

Ein neuer Mann an der Spitze

Mit seiner Wahl zum neuen Ministerpräsidenten der DDR hat Hans Modrow, hier auf seinem Platz in der noch leeren Volkskammer, ein schweres Amt auf sich genommen. Der langjährige Bezirkschef der SED in Dresden gilt als Reformer. Anders als Honeckers Amtsnachfolger Egon Krenz genießt Modrow bei großen Teilen der DDR-Bevölkerung Ansehen. Der neue Mann weiß, daß er nur der Chef einer Übergangsregierung sein wird. Trotz Modrows Popularität hat die SED/PDS keine Chancen, bei den kommenden Wahlen genügend Stimmen für eine Fortsetzung ihrer Regierungstätigkeit zu erringen.

Vierundzwanzig Parteien stellen sich zur Wahl

Leipzig vor den ersten freien Volkskammerwahlen in der DDR. Häuserfronten, Reklameflächen und Bauzäune sind mit Plakaten der 24 Parteien beklebt, die sich um Stimmen bewerben. Aus der Wahl am 18. März geht das konservative Bündnis „Allianz für Deutschland“ mit 48,13 Prozent der Stimmen als Sieger hervor. Führende Kraft des Bündnisses ist die ehemalige Blockpartei CDU mit dem Rechtsanwalt Lothar de Maizière an der Spitze. Die SPD kommt auf 21,8 Prozent und die PDS auf 16,3 Prozent. Auf Oppositionsgruppen wie „Bündnis 90“, dem u. a. das „Neue Forum“ angehörte, die sich um den politischen Umsturz in der DDR besonders verdient gemacht hatten, entfallen insgesamt nur 2,9 Prozent der Wählerstimmen.

DSU
Wohlstand statt Sozialismus
Eine neue Politik.
Eine neue
Der neue Sozialdemokrat
uns
Ludwig Erhard, CDU
ein Volk."
CDU'90
„Wohlstand für alle"
„Wir sind ein Volk."
CDU'90
Wohlstand statt Sozialismus
Wohlstand statt Sozialismus
CDU

RUDOW
herzlich unsere

Berlin wächst wieder zusammen

Soldaten der Nationalen Volksarmee der DDR und West-Berliner Polizeibeamte prosten sich bei der Öffnung eines neuen Übergangs zu, durch den eine alte Straßenverbindung zwischen Treptow und dem West-Berliner Stadtteil Rudow wiederhergestellt ist. Innerhalb weniger Wochen werden im Dezember 1989 und im Januar 1990 rund drei Dutzend neue Berliner Grenzübergänge freigegeben. In der alten Reichshauptstadt wächst, wie es Willy Brandt auf einer Kundgebung ausdrückt, „wieder zusammen, was zusammengehört“.

An der Grenze fällt kein Schuß mehr

Auch die 1393 Kilometer lange innerdeutsche Grenze verliert durch den friedlichen Umsturz in der DDR ihre Schrecken. An Hunderten von Stellen werden wie hier bei Treffurt an der Werra provisorische Grenzübergänge geschaffen, über die DDR-Bürger mit Kind und Kegel zum Einkaufen in die westdeutsche Nachbarschaft ziehen. Der noch immer sauber gepflügte Todesstreifen wird nun nicht mehr nach Spuren von „Republikflüchtigen“ abgesucht. Die Signaldrähte, bei deren Berührung die nächsten Grenzwachen alarmiert wurden, sind abgebaut. Doch für 112 Deutsche kommt das alles zu spät. Sie haben in den vergangenen Jahren den Versuch, zwischen Lübeck und Hof die Grenze zu überwinden, mit dem Leben bezahlt. 80 weitere Todesopfer forderte die Mauer in Berlin.

Das Ende des Checkpoint Charlie

Als die DDR am 13. August 1961 auf Anweisung von Walter Ulbricht mit dem Bau der Berliner Mauer begann, standen sich am Übergang „Checkpoint Charlie“ amerikanische und sowjetische Panzer bedrohlich gegenüber. Die westlichen Alliierten hätten eine Sperrung des für Ausländer reservierten Übergangs nicht geduldet. Nach der Öffnung der Mauer dürfen zum erstenmal auch DDR-Autos den Grenzdurchgang passieren. Am 22. Juni 1990 wird das alte Wachhäuschen mit der Aufschrift „Allied Checkpoint Charlie“ unter den Blicken Tausender Schaulustiger abgebaut. Ein Kran hievt das Häuschen in die Höhe. Es kommt ins Museum.

ALLIED
CHECKPOINT CHARLIE

Die sanfte Revolution von Prag

Von Jiří Gruša

Die Sanfte hieß sie, war jedoch so schnell und gründlich, daß man sie auch mitleidlos nennen dürfte. Diese Prager Revolution, die so lange auf sich warten ließ und die dann in zehn Tagen das gleiche erreichte, wozu in Polen zehn Jahre, in Ungarn zehn Monate und in der DDR zehn Wochen gebraucht wurden.

Havel sagte dies kurz nach ihrem Sieg, gewiß noch selber erstaunt. Es war ein eindrucksvoller Zusammenbruch dessen, was ein anderer Tscheche – Milan Kundera – als Reich des Vergessens beschrieb. Doch in dem trostlosen und perfekt durchgesäuberten Land haben die Könige fast bis zuletzt unbekümmert regiert. Keine vierzehn Tage vor seinem Sturz bezeichnete einer von ihnen Havel als politische Null. Herr Adamec in Wien, bei dem letzten Auslandsbesuch eines tschechoslowakischen Kommunistenführers noch immer davon überzeugt, ihm wären unzählige Amtsjahre beschieden. Er setzte nur die lange Prager Praxis fort: das Unbeliebte für nicht existent zu halten. Und so geschah es, daß am Runden Tisch gerade er unter den historischen Nullen der Nachinvasions-Ära durch Händedruck mit Havel sich einen kleinen Pluspunkt verschaffen konnte.

Leute wie Adamec vertrauten einfach mehr den „Swodkas", den Staatssicherheitsmeldungen des Tages, als den eigenen Augen. Im Sinne der Doktrin schwafelten sie weiter über die erkannte Gesetzmäßigkeit des geschichtlichen Prozesses, bis sie tatsächlich die selbstgebauten parasitären Einrichtungen für historisch abgesichert glaubten, und dies auch einem Gorbatschow zum Trotz.

Seit dessen Aufstieg quälte sie, wenn nicht ein schlechtes Gewissen, so wenigstens ein Mißgefühl im Magen, denn sie waren Verräter. Sie haben Panzer gegen Land und Leute gerufen, um eben das niederzumachen, was sich jetzt im Zentrum der Orthodoxie erhob. Der Sozialismus, dem sie so viele Menschen geopfert hatten, schien nun von denen verschaukelt zu werden, die seine Blüte bislang bemisteten. Man fühlte sich im Stich gelassen. Verraten als Verräter. Die Brüderschaft der Menschheit per Partei der Glücksbeschaffer geriet ins Wanken. Im Unterschied zu den Reformern des Jahres 1968 glaubten diese Leute nicht (wenn sie es je taten) an eine ideelle Substanz der Utopie, sondern an die der Apparate. Und ihr eigener Apparat, einst „brüderlich" von außen gerettet, funktionierte blindlings, jedenfalls im Vergleich mit dem Zustand der Macht der einstigen Retter.

Der tschechoslowakische Versuch, „das menschliche Gesicht des Sozialismus" zu enthüllen, basierte auf der spezifischen Tradition des Landes, das sich als einziges seine Kommunisten zumindest teilweise mit dem Stimmzettel ins Haus geholt hatte. Das sowjetische Modell führte jedoch in den zwanzig Jahren danach auch den Enthusiasten vor Augen, daß es Grenzen gibt. Auch für den unbegrenzten Fortschritt, dessen Verwaltung sich als bestes Management des Verfalls entpuppte. In einer entwickelten Gesellschaft hat man für diese Erkenntnis keine siebzig Jahre gebraucht. Schon nach zwei Jahrzehnten tauchte die Reform-Idee auf: als Suche nach besseren Formen, wie man aus einem egoistischen Menschentier den Menschenbruder macht. Den Socius in seinem Ismus, der darin nicht nur leben müßte, sondern zugleich wollte.

Der Einmarsch im August 1968 gebar den Gedanken der Unreformierbarkeit. Kein Umbau mehr, keine Perestrojka spukte seither in den maßgeblichen Köpfen, man suchte nach alten Grundfesten der Bürgergesellschaft. Die Epoche nach der Invasion festigte diese Überzeugung so stark, daß es bis heute schwerfällt, vielen unbeschädigten Westlern zu erklären, warum in Prag und anderswo so ein schönes Wort wie Sozialismus nicht mehr zu benutzen ist. Aus demselben Grunde, warum niemand in einer Apotheke, die ihn bislang in wunderschönen Flakons mit Brechmitteln versorgte, nach Parfums sucht.

Das, was man als Keim des heutigen tschechoslowakischen Konsens über Grundwerte einer Gemeinschaft verstehen könnte, lag 1968 zwar am Boden, verstand sich jedoch keinesfalls als geschlagen. Während das Regime, auf jede tiefere Berufung verzichtend, immer ungenierter log, haben die Gegner ihre Mission empfunden, ihre Chance erblickt und ergriffen. Havels Formel vom „Leben in der Wahrheit" ist auch in diesem praktisch-politischen Sinne zu verstehen.

Über den Charakter der gewissermaßen doch noch neuen Macht bestand allerseits kein Zweifel. Es waren Mafiosi. Der alte Nietzsche wäre froh, seine Theorien über die Rolle des Ressentiments in der Geschichte bestätigt zu finden. Nichts gelernt, nichts vergessen – so haben sich die Leute benommen. Mit einer Niveaulosigkeit und Primitivität ohnegleichen. „Ein Karussell, vom Dämlack betrieben", urteilte der im Lande gebliebene Ludvík Vaculík, „halb jovial, halb brutal". Der tolle Husák schaffte es in den darauffolgenden zwei Jahrzehnten, den einst als musterhaft geltenden Industriestaat an den Rand der Dritten Welt herunterzubringen.

Die ursprünglich defensive Haltung der Opposition begann sich zu ändern, der Widerstand formierte sich, gewaltlos und immer breiter. Man könnte diesen Wandel in die Jahre zwischen 1975 und 1977 legen, also zwischen den „Brief an Gustav Husák", in dem Havel seine Wahrheitsforderung erhob, und die Entstehung der „Charta 77". Damit das Paradoxe des Lebens nicht beiseite bleibe, sei bemerkt, daß Husák damals das Amt bekleidete, in dem ihm Havel folgen sollte.

„Sie haben", schrieb der zukünftige Präsident dem amtierenden, „den für Sie bequemsten, doch für die Gesellschaft gefährlichsten Weg gewählt, den Weg des äußeren Scheins und inneren Verfalls, den Weg der Steigerung der Enthropie um den Preis des Abtötens des Lebens, den Weg des bloßen Schutzes Ihrer Macht um den Preis des Vertiefens der Moral- und Geisteskrise der Gesellschaft und des systematischen Erniedrigens der Menschenwürde... Ich, als Bürger dieses Staates, fordere Sie mit diesem offenen Schreiben auf, das Maß Ihrer historischen Verantwortung zu erwägen und danach zu handeln." Husák handelte, indem er Havel hinter Gitter schickte. Dorthin, wo er selbst sehr lange gesessen hatte. Ein undankbarer Posten, dieses Präsidententum: Seit Herr Hitler Prag besucht hat, waren alle Landesoberhäupter irgendwann im Knast oder verbannt gewesen. Es kam nicht von ungefähr, die Gründe für dieses Unheil immer mehr im breiteren Bereich Europas zu sehen. So wurden politische Konzepte entworfen, die anfangs manchem „unwirklich" erschienen, die jedoch, wie die Zeit zeigt, realer waren als der Politrealismus hüben wie drüben.

Die „Charta 77" zum Beispiel, die den Anstoß zum „Leben in der Wahrheit" organisatorisch erfaßte und diese lose, ja äußerlich machtlose Vereinigung gegen die Maschinerie einer Allwisser-Partei stellte. Natürlich gab es auch in dem Reich des Vergessens eine Gedächtnisbehörde, die Stasi, hier StB genannt, nicht ungebildet, nicht ungeschickt. Und dennoch: Seit der Charta befand sie sich in Handlungsnot. Man sah sie gut, die StB. Und je sichtbarer sie wurde, je beleuchteter ihr Wirkungskreis, desto weniger konnte sie ihre Dienste geheim verrichten. Geschweige denn die notwendigen Terrorspektakel, das „Sine qua non" funktionierender Diktaturen. Schon Breschnew sah sich, um seine dahinsiechende Wirtschaft zu sanieren, gezwungen, in einem neu sich formierenden Europa mitzumachen. Klug wie seine Vormeister glaubte er an den Strick, den ihm die Kapitalisten aus Habgier zu ihrer eigenen Hinrichtung verkaufen würden, und nahm in Helsinki ungewollt den Scheinwerfer der Menschenrechte in Kauf, der ihm so viel verdorben hat.

Dem Machtgefüge des Spätstalinismus blieb daher nur das zweitbeste Selbsterhaltungsmittel übrig: Geiselnahme durch Kinder. Das große Projekt des endgültig gerechten Morgens „für unsere Kinder" entpuppte sich als Sippenhaft. Man wollte alles kontrolliert verteilen und schuf eine Ordnung, in der die Zukunft nicht zu erarbeiten, sondern zu erkaufen war. Für jede Tat – ja selbst für das Unterlassen einer Tat – benötigte man Lizenzen. Wollte man nicht, wie Havel und die seinen, sozial verzichten, war man erpreßbar. Die Opfer mußte die ganze Sippe tragen. Und fragte man, warum jemand gegen sein besseres Wissen dies oder jenes tat, bekam man die Antwort: meiner Kinder wegen. Die Macht glaubte, über die Eltern auch den Nachwuchs im Griff zu haben.

Ein fataler Fehler. Denn wollten die Töchter und Söhne murrender Angepaßter tatsächlich die Zukunft als verlängerte Erniedrigungsrituale der Väter erleben? Sollte sie wirklich zu einem endlosen Alptraum werden? Mit all den Errungenschaften der Armut und nicht einmal gerecht zugeteilt?

Die Kinder wollten nicht, und in ihnen wuchs endlich der notwendige Massenmut, der dem vorhandenen Know-how der Opposition die Tatkraft verliehen hat. Die Revolution war nicht nur sanft und intellektuell, sie war jung und unternehmungslustig. Ihre drei Gruppen, die Intellektuellen, die Künstler und die Jugend, stellten nämlich die letzte noch nicht volkseigene Schicht des Unternehmertums. Das Regime, jede Intellektualität hassend – sie bildete doch keine „Klasse“, keine „Produktionskraft“ –, unterschätzte sie, weil die Herrschenden glaubten, sie hätten die Kinder ganz im Sinne ihrer Wissenschaft zweckorientiert erzogen und damit bereits gebrochen. Doch der Zusammenbruch bahnte sich im verborgenen an, wie es einst der geistige Vater der Charta, der Philosoph Patočka, formuliert hatte: Das große Andere kommt auf Taubenfüßen, daher auch unsichtbar für Herodes. Er schrieb es kurz vor seinem Tod, nach einem vielstündigen Verhör durch den StB. Das Regime fiel, wie morsche Bäume fallen. Bereit, die eigenen Kinder zu töten, erschien es selbst einigen seiner Träger brutal. Das Joviale war nun weg. Und wie die Paradoxe der Geschichte manchmal ihren tieferen Sinn haben, sollte das Ende auf einen Jahrestag fallen, an dem in Prag die Zeit der Diktaturen begonnen hatte. Falls der Zweite Weltkrieg, falls die Teilung und Zerstörung Mitteleuropas nun doch enden sollten, so dauerte alles in der Tschechoslowakei fünfzig Jahre und zeigte seine menschenfressende Natur das erste Mal am 17. November 1939. In den ersten Tagen der Besetzung wollten tschechische Studenten an die geraubte Freiheit erinnern, und die Nazis töteten damals einen von ihnen. Nach dem Begräbnis stellten die Deutschen die Wortführer der Demonstration vor ihre Erschießungskommandos. Unterschiedslos und ohne Gerichtsurteil – vielleicht um zu demonstrieren, daß die kommende Ära zwar Nutznießer, aber keine Sieger kennen wird, ostwärts der Elbe. Das Datum kam zupaß. Das kommunistische Regime konnte sich großzügiger zeigen und erlaubte eine Demo zum 17. November. Die Absicht war durchschaubar: Man wollte dem Protest einen antiquierten Outlook geben – dazu einen antideutschen Touch.

Auch dies ging schief. Die Revolutionen in der DRR, in Polen und Ungarn meinten all den allerorts wehenden Nationalflaggen zum Trotz zumindest im ersten Anlauf eher Bürgerstolz als Chauvinismus. Die Ost-Deutschen waren vor kurzem durch Prag geströmt, um in die bundesrepublikanische Botschaft zu flüchten. Kein schlechtes Beispiel des Muts. Und der Einfluß der intellektuellen Wortführer war überall in Mitteleuropa antinationalistisch, man hatte ja schon vorher kooperiert und an das Miteinander gedacht... So fand auch der Prager Umzug bald die richtige Adresse. Die Demonstranten drehten um, steuerten in die Stadtmitte, sangen „We Shall Overcome“ auf tschechisch und riefen den schwerbewaffneten Truppen der Alarm-Einheiten zu: „Wir haben leere Hände!“

Bis auf die Blumen darin, die einige in den ersten Reihen den Weißhelmen reichen wollten. Der Zugang zu den historischen Orten, zum Altstädter Ring und zum Wenzelsplatz, war abgesperrt. Ahnte man schon, daß es dort noch einmal stürmisch zugehen würde? Oder wollte man nun endlich – nach all den Prügelproben vergangener Jahre – den Schlußstrich ziehen... mit einem chinesischen Pinsel? Wie auch immer der Plan ausgesehen hat – und es gab Vertreter des Ausnahmezustandes à la Peking –: Der „Einsatzleiter“ hat mit seinem Befehl „Knüppel raus“ das Ende eines berühmten Gespenstes in dieser Ecke Europas eingeleitet.

Die Opa-Ideologie wollte nach den Söhnen auch die Enkel berauben! Es floß Blut, es gab Gerüchte von Toten, und man verhaftete schon massenhaft. Studenten, die sich aus der Umzingelung auf der Národní Straße retten konnten, rannten mit blutigen Köpfen durch Prag. Man öffnete ihnen Wohnungen, Läden und Theater, in denen eben das Abendprogramm zu Ende gegangen war. Die Schauspieler, schon vorher mutig bei der Sache, als es um die Freilassung Havels ging, solidarisierten sich. Bis morgens früh stand die ganze Uni Kopf. „Wartet nicht, handelt!" riefen ihre mutigsten Köpfe und organisierten Okkupationsstreiks. Andere Hochschulen schlossen sich an. Und die Theater im ganzen Lande. Die Partei war bemüht, ihr willfähriges Fußvolk zu alarmieren, es kamen jedoch Bürger. Und immer mehr davon. Sie sprachen die Sprache der Studenten und stellten fest, es war ihre eigene, fast vergessene. „Nieder mit der Mafia!" donnerte die Stadt. „Ende des Machtmonopols!" Hunderttausende und schließlich eine Million Menschen füllten Prag, zum Generalstreik entschlossen.

Bald werden kluge Köpfe kluge Analysen schreiben, um das Wunder der Nacht vom Freitag auf Samstag zu erläutern. Die Nacht vom 17. auf den 18. November wird jedoch, da bin ich mir sicher, unerforschlich bleiben, wie immer, wenn sich die Geschichte in Bewegung setzt.

Die Forderungen, zum erstenmal so deutlich auf der Bühne des „Realistischen Theaters" morgens früh erklungen, verwandelten sich abends auf einer anderen Bühne in das politische Programm des Aufstands. Václav Havel, kurz vorher aus Nordböhmen angereist, erschien in der „Laterna Magica" und traf dort seine alten und neuen Freunde. Der Name des Theaters klang plötzlich bedeutungsvoll. Auch der Name der vereinten Opposition: das Bürgerforum.

OF, Občanské fórum.

Am zehnten Dezember, dem Tag der Menschenrechte, wird Gustav Husák abtreten, der Chef des Vergessens, von anderen gefolgt. Ich sah einen von ihnen, Miroslav Štěpán, den Parteibonzen Prags mit dem Schädel eines Samodurs (wie es auf russisch so schön heißt — des selbstherrlichen Machtmachos), als er sich noch einmal an die Werktätigen wandte. Gewöhnt an ihre Vorbeimärsche, lud er Fernsehkameras dazu. Man nahm die Veranstaltung an, und sie wurde zu einem einmaligen Beleg für den Fall eines Despoten. Štěpán, der den Prügelbefehl erteilt hatte, trat selbstbewußt vor auserlesene Leute der auserlesensten Fabrik und schrie in Erwartung des üblichen Zujubelns: „Wir wollen uns nicht von den Milchjungs bevormunden lassen!" Doch die Menge, zuerst murmelnd, fing an zu schreien: „Tritt ab! Demission!" Die Augen dieses Mannes, sein schwacher Versuch um Beschwichtigung — und dann sein Staunen, daß es Freiheit gibt und daß noch immer lebt, was er zu töten pflegte!

Das Bürgerforum von Prag, in dem sich die wundersame Mischung der Revolution zusammenfand, ist wie das sympathisierende Forum in Preßburg: Öffentlichkeit gegen Gewalt zu einem Kommunikationsknoten aller Menschen des guten Willens geworden. Damals in den ersten Stunden ganz gewiß. Dieses Forum konnte charismatische und bedacht kluge Führer bieten, die durch die politische Arbeit innerhalb der Charta geschult waren. In diesem Sinne war und ist das Bürgerforum unter den vergleichbaren Bewegungen der ost-mitteleuropäischen Wende die Ausnahme. Zu einer unparteiischen Partei geworden, die jedem nicht nur das Seine, sondern das Sein, die wahre Existenz, anbieten möchte, das alte Pursuit of happiness (nicht das Glück selbst, nur das Recht, es zu suchen!), ist es für die Neugründung der Demokratie einfach unentbehrlich. Man lebt ja in der Gründerzeit. . . und ausgewechselt wird erst dann, wenn sich die Prediger nicht auch als Baumeister bewähren.

Urlauber stürmen die Botschaften

Prag, August 1989. Tschechoslowakische Polizisten versuchen, DDR-Bürger an der Flucht in die bundesdeutsche Botschaft zu hindern. Tausende von DDR-Urlaubern entschließen sich in diesem Sommer, Ferienaufenthalte in osteuropäischen Ländern zur Flucht in den Westen zu nutzen. Die meisten wollen über Ungarn nach Österreich, werden jedoch zunächst von den Grenzsoldaten zurückgeschickt. Als letzte Chance, doch noch ausreisen zu können, sehen viele nun die westdeutschen Botschaften an. Wer erst einmal das als exterritorial geltende Botschaftsgelände erreicht hat, muß keine Auslieferung an die DDR-Organe befürchten. Man hofft darauf, daß Bonn in Verhandlungen mit Ost-Berlin eine Möglichkeit zur legalen Ausreise schafft.

Genscher kommt mit einer guten Nachricht

Im September 1989 verwandelt sich die bundesdeutsche Botschaft in Prag von Tag zu Tag mehr in ein riesiges Flüchtlingslager. Der normale Geschäftsbetrieb ist nicht mehr aufrechtzuerhalten. In den Botschaftsräumen und im Garten davor kampieren bald über 5500 Flüchtlinge aus der DDR, zumeist junge Leute. Die Regierungen in Bonn und Ost-Berlin bemühen sich in zähen Verhandlungen um eine Lösung des Problems. Am Abend des 30. September gibt Bundesaußenminister Hans-Dietrich Genscher auf dem Balkon der Botschaft das Ergebnis seiner Bemühungen bekannt: Die Flüchtlinge dürfen in Sonderzügen der DDR-Reichsbahn in die Bundesrepublik ausreisen. Noch am selben Abend wird mit der Aussiedlungsaktion begonnen. Die Nachrichten über den Erfolg Genschers lösen einen neuen Flüchtlingsansturm auf die Botschaft aus. Am 2. Oktober ist sie von neuem mit Tausenden überfüllt.

Wo sich einst Jan Palach verbrannte

Der Prager Wenzelsplatz wird im Herbst 1989 zum Ausgangspunkt einer unblutigen Revolution, die innerhalb weniger Wochen die kommunistische Regierung hinwegfegt. Jeden Abend legen Demonstranten auf dem Platz Blumen nieder. Tausende Kerzen werden entzündet. Die Prager gedenken damit der vielen Opfer polizeilicher Willkür. Sie gedenken auch der vielen Opfer des Einmarsches von Truppen des Warschauer Paktes am 20. August 1968. Und sie gedenken des 21jährigen Philosophiestudenten Jan Palach, der sich hier am 16. Januar 1969 aus Protest gegen die Unfreiheit verbrannte. Ende November demonstrieren in Prag täglich Hunderttausende für demokratische Freiheiten. Auch in anderen tschechoslowakischen Städten kommt es zu Massendemonstrationen. Ein Bürgerforum, zu dem sich alle Oppositionsgruppen zusammengeschlossen haben, organisiert Großkundgebungen, auf denen der Rücktritt der Regierung und freie Wahlen gefordert werden.

Die Rückkehr des Alexander Dubček

Nach über zwei Jahrzehnten der Verbannung aus dem öffentlichen Leben kehrt Ende November 1989 Alexander Dubček auf die politische Bühne zurück. Sichtlich bewegt tritt der schlohweiß gewordene „Held des Prager Frühlings" in seiner Heimatstadt Bratislava und in Prag vor die Menschenmassen, denen die kommunistischen Machthaber nichts mehr entgegenzusetzen haben — keine Truppen aus den sozialistischen Nachbarländern, keine neuen Parolen, keine glaubhaften Versprechungen. Alexander Dubček fällt das Reden bei seinen ersten Auftritten schwer. Der 68jährige kann nur bekräftigen, was die Menschen zu ihm aufs Podium hinaufrufen: „Weg mit der Zensur!" — „Die Freiheit muß siegen!" — „Demokratie für alle!" Auf dem Sockel der Sankt-Wenzels-Statue in der Prager Innenstadt haben Demonstranten neben einem Bild des tschechoslowakischen Staatsgründers Tomáš Masaryk ein großes blumenumkränztes Foto Alexander Dubčeks angebracht. Wenige Tage später, am 28. Dezember, wird Dubček zum Parlamentspräsidenten gewählt.

CHCEME
DEMISI

Die Presse ist wieder frei

Wie schon einmal in den wenigen Monaten des „Prager Frühlings“ herrschen in der Tschechoslowakei über Nacht wieder Meinungs- und Pressefreiheit. Während den alten kommunistischen Blättern die Leser davonlaufen, stehen überall Tschechen und Slowaken Schlange nach den vielen neuen Zeitungen, in denen die wieder zugelassenen demokratischen Parteien zu Wort kommen. Fast jeder Tag bringt Schlagzeilen, an die noch wenige Monate zuvor kaum jemand geglaubt hätte: Rücktritt der kommunistischen Regierung Adamec, Umbenennung des Prager Platzes der Roten Armee in Jan-Palach-Platz, Entschuldigung der Warschauer-Pakt-Staaten für den Einmarsch ihrer Truppen im August 1968, Reisefreiheit für alle Tschechoslowaken, Beteiligung des Bürgerforums an der Regierung, Umbenennung der Tschechoslowakischen Sozialistischen Republik (ČSSR) in Tschechische und Slowakische Föderative Republik (ČSFR).

B 152 543

Wieder ein Stück Eiserner Vorhang weniger

Mit Drahtscheren bewaffnete Grenzsoldaten beginnen am 11. Dezember 1989 zwischen Bratislava und Wullowitz mit dem Abbau der Sperrzäune an der Grenze nach Österreich. Bald danach wird auch der Eiserne Vorhang zwischen dem tschechischen Böhmen und dem Freistaat Bayern abgebaut. Wie die DDR-Bürger brauchen Österreicher und Bundesdeutsche seit Juli 1990 kein Visum mehr, wenn sie in die Tschechoslowakei einreisen wollen. Die neue Reisefreiheit wird in den Grenzorten mit Volksfesten gefeiert.

Ständchen für den kommenden Mann

In der Prager Wohnung des Bürgerrechtlers und Schriftstellers Václav Havel gibt es 1989 viele Anlässe zum Feiern – zum Beispiel am 17. Mai. In ausgelassener Stimmung begehen Freunde an diesem Tag Havels überraschende Entlassung aus dem Gefängnis. Erst drei Monate zuvor war er wegen „Rowdytums" zu neun Monaten Haft verurteilt worden. Anlaß zum Feiern gibt auch der 15. Oktober. An diesem Tag wird dem Dramatiker und Mitbegründer der Menschenrechtsbewegung „Charta 77" in der Frankfurter Paulskirche der Friedenspreis des deutschen Buchhandels verliehen. Václav Havel darf die Auszeichnung allerdings nicht persönlich entgegennehmen, weil ihm die tschechoslowakischen Behörden die Ausreise verweigern. Seine Dankesrede wird in Frankfurt von dem Schauspieler Maximilian Schell verlesen.

Ein Demokrat wird Staats-oberhaupt

Mit dem 53jährigen Bürgerrechtler Václav Havel steht nach über vier Jahrzehnten kommunistischer Diktatur wieder ein freiheitlicher Demokrat an der Spitze des tschechoslowakischen Staates. Die Bundesversammlung in Prag hat den populären Schriftsteller am 29. Dezember 1989 einstimmig zum Staatspräsidenten gewählt. Das neue Staatsoberhaupt tritt auf dem Hradschin, der Prager Burg, die Nachfolge des Anfang des Monats zurückgetretenen Gustav Husák an, der sich nach dem „Prager Frühling" von 1968 offen gegen Alexander Dubček gestellt hatte. Bei den ersten freien Parlamentswahlen der Tschechoslowakei seit 1948 erringen im Juni 1990 das von Staatspräsident Havel repräsentierte Bürgerforum und die verbündete Organisation „Öffentlichkeit gegen Gewalt" 170 von 300 Mandaten gegenüber nur 47 Mandaten der Kommunisten. Das neue Bundesparlament bestätigt Alexander Dubček in seinem neuen Amt als Parlamentspräsident. Václav Havel wird erneut zum Staatspräsidenten gewählt.

Die Blaue Revolution Bulgariens schreitet langsam voran...

Von Lilia Popova

Für die Umwälzungen in Bulgarien hat man keinen genauen Begriff gefunden. Für sie gibt es auch kein Analogon. Sie waren weder die „Aufbruchswelle“ der DDR noch die „sanfte Revolution“ der ČSSR oder die „blutige Revolution“ von Rumänien. Gott sei Dank, daß sie es nicht waren. Das mag wohl der Grund dafür gewesen sein, daß der bundesdeutsche Kanzler Helmut Kohl – auf einer Pressekonferenz im Dezember 1989 von einem Journalisten nach seiner Einschätzung befragt – lakonisch, aber treffend, antwortete, daß die Veränderungen in Bulgarien nur als eine Widerspiegelung der Charaktereigenschaften der Bulgaren aufzufassen seien.

Man könnte die Dinge auch anders sehen, besonders im Vergleich mit den Ereignissen in einigen anderen kommunistischen Ländern. Aus der Ferne und von außen glaubt man, daß alles zu langsam vor sich geht. Betrachtet man aber das Verhalten der Bulgaren unter geschichtlichen Aspekten, so fällt auf, daß sie immer erst die Entwicklung der Dinge abgewartet haben, um das Neue dem Geleisteten gegenüberzustellen. Die Veränderungen schienen immer einer logischen Entwicklung zu folgen.

So war es auch am Anfang der Revolution von 1989, als die regierende Kommunistische Partei ihre Beschlüsse als reformatorische Empfehlungen „von oben“ weitergab, damit sie „unten“ ausgeführt würden. Im Interesse der Wahrheit ist aber hinzuzufügen, daß diese Veränderungen von überschwenglicher Begeisterung begleitet wurden. Das entscheidende Datum wurde der 10. November 1989, als auf dem Plenum des ZK der bulgarischen KP nicht nur die Ergebnisse der Umgestaltung (zunächst fanden Veränderungen nur auf dem Papier statt, geschickt getarnt als „fortschreitendes Absakken der Wirtschaft“) diskutiert wurden. Die Wirtschaftskrise führte dazu, daß Todor Schiwkow, Generalsekretär des ZK der BKP und Staatsratsvorsitzender der Volksrepublik, abgesetzt wurde – eine für Bulgarien fast mythische Figur. Im folgenden Monat fanden weitere vier Plenarsitzungen und ebenso viele Sitzungen der Nationalversammlung statt. Eine bis zu diesem Augenblick nicht bekannte Praxis.

Variatio delectat. Veränderungen machen Spaß. Und die unblutige Palastrevolte versprach tatsächliche Veränderungen. Petar Mladenow, der neue „Gensek“ (wie man den Generalsekretär abkürzte), Ex-Außenminister des Schiwkow-Regimes, traf schon am ersten Tag seines neuen Amtes mit einer Gruppe oppositioneller Intellektueller zusammen. Dieses Verhalten erinnerte an Gorbatschows Umgang mit Sacharow. Waren die gestern noch verfemten Dissidenten nicht der Kern der künftigen Opposition? Sie waren es, waren es aber auch nicht!

Zurück zur Vorgeschichte. Wir schreiben das Jahr 1988. Bulgarische Intellektuelle setzen sich für die Stadt Russe an der Donau ein, deren Luft durch giftige Abgase aus dem am anderen Ufer gelegenen rumänischen Chemiekombinat ständig stark verunreinigt wird. Die Regierung in Sofia zögert, energisch bei Ceauşescu zu intervenieren. Als der Protest der Intellektuellen nicht nachläßt, werden die Mitglieder des Klubs zur Rettung von Russe („Ekoglasnost“ = Öko-Glasnost) Repressionen ausgesetzt. Die Partei diffamiert die Gruppe als „Verein sogenannter Informeller“. Einige Monate später konstituiert sich der „Klub für Glasnost und Preustroistwo“, dem mehr als hundert namhafte Intellektuelle beitreten, meist Wissenschaftler, Schriftsteller, Schauspieler, Journalisten. Jetzt entsteht auch die unabhängige Gewerkschaft „Podkrepa“, eine der populärsten Gruppierungen der Opposition heute. Die „Bewegung für Religionsfreiheit“ folgt.

Das erlösende Jahr 1989 begann. Zunächst ließ die Megalomanie Schiwkows an einen ernsthaften innenpolitischen Dialog überhaupt nicht denken. Es wurde bekanntgegeben, daß Bulgarien Gastgeber des KSZE-Folgetreffens zu Fragen der Ökologie sein wird. Doch die Öffnung des Landes nach außen wurde von einer „Hexenjagd“ im Innern begleitet. Die Maschinerie des repressiven Regimes lief wie frisch geölt. Aber der Druck rief Gegendruck hervor. Die „Deutsche Welle“ und „BBC“ informierten darüber, was tatsächlich im Lande geschah.

Nach der Pariser Menschenrechtskonferenz flammte ein schwelendes Problem wieder auf — eine 1984 verordnete Namensänderung hatte die türkische Minderheit gezwungen, bulgarische Namen anzunehmen. Jetzt regte sich Widerstand dagegen. Die ersten Demonstrationen wurden in Blut erstickt. Der „Vater der Aktion“ (heute bestreitet Schiwkow das Urheberrecht) erklärte am 31. Mai 1989, daß die Landesgrenzen geöffnet werden und jeder von der Reisefreiheit Gebrauch machen könne. Nun begann die Auswanderung einer ganzen Bevölkerungsgruppe. Vertreibung oder freiwillige Aussiedlung? Die Bilder erinnerten an Science-fiction-Filme. Ganze Dörfer wurden entvölkert. Schiwkow, auf den die ganze Schuld für diesen Exodus fällt, lädt westliche Parlamentarier ein, um zu beweisen, daß die Menschen auf „eigenen Wunsch“ in die Türkei auswanderten. Die Genugtuung für Schiwkow kam, als Ungarn seine Grenze für die DDR-Bürger öffnete. Also griff die Ausreisewelle um sich!

Dennoch schwächte das weltweite Echo auf die erzwungene Auswanderung der Türken Schiwkows Position. In Sofia hatte gerade die Europäische Umweltkonferenz begonnen, als es zum ersten Zusammenstoß zwischen „Informellen“ und der Ordnungsmacht kam. Die erste öffentliche Protestkundgebung fand unter dem Schutzmantel der Ökologie-Diskussion statt. Der öffentlich tolerierte Protest war das letzte Zeichen dafür, daß Veränderungen unumgänglich waren. Am Freitag, den 10. November 1989, wird Schiwkow vom Politbüro „dankend“ beurlaubt. Der Mann, der Bulgarien mehr als dreißig Jahre regiert hat, muß die Macht abgeben.

Bulgarien steht am Scheideweg. Soll es nach dem Muster der Einparteien-Demokratie weitergehen? Von wem wird die Gegen-Initiative ausgehen? Abgesehen davon, daß die Opposition nun existent und nicht länger zu übersehen war, lag die Macht nach wie vor in der Hand der Kommunistischen Partei. Im Politbüro erschienen neue Gesichter, Funktionäre der zweiten Garnitur. Dasselbe galt auch für die Regierung. Schiwkows Nachfolger Mladenow gab sein Acht-Punkte-Programm bekannt, in dem freie und demokratische Wahlen für den Mai 1990 versprochen werden. Maßnahmen zur Stabilisierung der Wirtschaft wurden beschlossen, bis Ende 1990 soll eine neue Verfassung verabschiedet sein. Eine erste Forderung der Opposition sowie der Bürger von Sofia war die Streichung von Art. 1 der Verfassung, mit dem der Bulgarischen Kommunistischen Partei eine führende Rolle im politischen Leben des Landes eingeräumt wird. Petar Mladenow versprach die Verfassungsänderung auf einer Groß-Kundgebung — schon während der nächsten Sitzung der Nationalversammlung am 14. Dezember 1989 sollte der Führungsanspruch der bulgarischen Kommunisten gestrichen werden. Doch bei der nächsten Sitzung fehlte dieser entscheidende Punkt auf der Tagesordnung.

Die Menschen fühlten sich wieder durch die Kommunistische Partei betrogen, die Unzufriedenheit wuchs. Die aufkeimende Demokratie in Bulgarien erlebte an diesem Tag eine der schwersten Prüfungen, wie sich später herausstellte. Sie konnte den Charakter einer „sanften Revolution“ nach tschechoslowakischem Vorbild beibehalten oder aber in einen Bürgerkrieg münden, wie es später in Rumänien geschehen sollte. In diesem Augenblick äußerster Spannung nahm Mladenow, der es gewohnt war, daß von oben kommende Beschlüsse ohne weiteres akzeptiert wurden, keine Rücksicht auf die Empörung der Bürger, die 45 Jahre lang stumm zugesehen hatten, wenn auf frivolste Weise Gesetzentwürfe angenommen oder auch verworfen wurden. Mladenow überlegte, ob der Augenblick gekommen sei, Panzer anrollen zu lassen. Zufällig hielt eine Video-Kamera Mladenows Äußerung in Wort und Bild fest.

Die nun folgende Demonstration wird zum Anlaß für die Reaktivierung der Opposition. In kurzer Zeit entsteht die „Union der demokratischen Kräfte“, in der sich sechzehn verschiedene politische Gruppierungen — Parteien und Bewegungen — zusammenschließen. Neben den neuen politischen Klubs werden auch traditionsreiche alte Parteien wieder ins Leben gerufen. Darunter die Bulgarische Sozialdemokratische Partei, die Radikaldemokratische Partei und die Bulgarische Bauernpartei („Nikola Petkow“). Die KP merkt, daß sie mit dem Akt vom 14. Dezember 1989 in Mißkredit geraten ist, und versucht, die Versäumnisse auf einem anderen Feld auszugleichen. Mit Blick auf die bevorstehenden Wahlen wird durch einen Kabinettsbeschluß die zwangsweise Namensänderung für die türkische Bevölkerung wieder aufgehoben. Die Folge ist, daß die oberste Parteileitung nunmehr von der lokalen Bürokratie kritisiert wird. Die KP geht daraufhin noch einen Schritt weiter und legalisiert die türkische „Bewegung für Rechte und Freiheit" als selbständige politische Partei. Und das alles mit der Absicht, der Opposition zuvorzukommen.

Doch die Probleme, für die sich keine Lösung fand, wurden immer dringender. Schließlich war die KP gezwungen, am Runden Tisch teilzunehmen, eine Form der politischen Kooperation, die bereits in Polen, der DDR und der Tschechoslowakei praktiziert wurde. Hauptthema war die Änderung des politischen Systems in Bulgarien — im Januar waren es mehr als zwanzig politische Parteien und fast fünfzig Gruppen, die sich zu Wort meldeten, nachdem sie offiziell registriert waren. Die Kinderkrankheiten der entstehenden Demokratie!

Inzwischen wurde gegen Todor Schiwkow, seinen „engsten Mitarbeiter" Milko Balew und seinen Schwiegersohn Iwan Slawkow ein Ermittlungsverfahren eingeleitet. Das Verfahren läuft inzwischen seit sechs Monaten, erfolglos. Der vom Parlament eingesetzte Sonderausschuß hat offiziell noch nicht Stellung genommen zu den Privilegien der Staatsleitung und den sozialen Praktiken der Begünstigung. Womöglich gibt es gar keine Privilegien?

Die Bulgarische Kommunistische Partei und ihre neue Parteileitung sahen, daß die Last des politischen Erbes schwer zu überwinden war, und änderten nach bewährter Manier ihren Namen. Jetzt nennen sich die Parteimitglieder Sozialisten. Doch die bestehenden sieben Parteifraktionen hinderten immerhin die Parteileitung daran, den altgedienten Mitgliedern genügend Schutz zu bieten — und das führte dazu, daß erstmals seit fünfundvierzig Jahren eine bulgarische Regierung zum Rücktritt gezwungen war. Lanciert wurde die Idee, eine neue Regierung auf breiter nationaler Basis zu bilden. Die Union der demokratischen Kräfte (UdK) distanzierte sich jedoch von diesem Versuch der regierenden Kommunisten, die Schuld für die miserable Lage, in der sich das Land befindet, auf andere abzuwälzen.

Nach dreimonatigen Geburtswehen kam es zu Vereinbarungen über die Zulassung politischer Parteien, über das Wahlsystem und die Einführung des Präsidialamtes. Die Opposition hatte sich für das Amt eines Vorsitzenden der Republik eingesetzt. Ungeachtet dessen wurde Petar Mladenow einstimmig zum Präsidenten Bulgariens gewählt. Noch am Tag seiner Wahl sagte er in einem Interview über die Rolle der Jugend: „Sie muß wissen, daß sie nicht nur für die Zukunft des Landes, sondern auch für die Gegenwart die volle Verantwortung zu tragen hat." Diese prophetischen Worte sollten in weniger als hundert Tagen in Erfüllung gehen.

Der Wahlkampf begann. Während die Opposition in öffentlichen Diskussionen die politisch ungeübten Massen wachzurütteln versuchte, setzte die kommunistische, sprich sozialistische Partei ihre alten und bewährten Mittel ein und bediente sich levantinischer List, durch die schon ihr Meister und Lehrer, Todor Schiwkow, bekannt geworden war: Sie setzte auf die Vorzüge der alten Ordnung. Keine Experimente bitte. Einzig und allein auf das schlechte Image der regierenden Kommunisten vertrauend, verpaßte die Opposition die Möglichkeit, den breiten Volksmassen ihr Programm für eine bessere Zukunft überzeugend darzustellen. Leitsätze wie „45 Jahre reichen aus" und „Uns gehört die Zeit" reichten nicht aus, um das Volk zu gewinnen.

Besonders geschickt operierten die Kommunisten in der Provinz, indem sie die politischen Informationen durch Rundfunk und Fernsehen gezielt vernebelten. Auf diese Weise blieb die Provinz unaufgeklärt. Ihren lokalen politischen Apparat nutzend, verbreitete die Bulgarische Sozialistische Partei die Meinung, daß die „Bärtigen" (die demokratischen Revolutionäre) sich an jedem rächen würden, der mit den Kommunisten kollaboriert habe. Und wer hatte das nicht?

Das alles geschah vor dem Hintergrund einer immer weiter um sich greifenden Wirtschaftskrise, die bald zum Wirtschaftskollaps des Landes zu führen drohte. Unmittelbar nach dem Sturz des Schiwkow-Regimes wurden Zahlen veröffentlicht, die belegen, daß das Land rund 12 Milliarden Dollar Auslandsschulden hat. Das bedeutet, daß in Bulgarien jeder Greis und jedes Baby mit rund 1500 Dollar verschuldet sind. Der weitaus größte Teil dieser Schuldenmacher hat allerdings noch nie einen dieser grünen Geldscheine zu Gesicht bekommen. Dazu wird auch weiterhin keine Erklärung gegeben. Wo ist das Geld? Wieso diese Schulden? Die Antwort ist eindeutig. Der Staat hat auf Pump gelebt. Jene, die mit Schiwkow zusammen regiert haben, sind immer noch in der Regierung. Die Reserven Bulgariens, insgesamt 1,3 Milliarden Dollar, schmolzen wie der Schnee im Frühling. Schon im März hatte man im Staatssäckel nicht mehr als 200 Millionen Dollar. Immerhin eine ansehnliche Summe — wenn es nicht um einen Staat geht. Die Regierung war nun gezwungen, die Zahlung der fälligen Schulden-Raten auf einen späteren Termin zu verschieben. Dieser Druck hatte eine unerwartete Wirkung: Die regierenden Sozialisten sind jetzt erstmals gezwungen, ihren Bankpartnern die eigene Bonität zu beweisen.

Die Wahlen rückten näher. Am 7. Juni (drei Tage vor dem ersten Wahlgang) veranstalteten die zwei großen politischen Parteien, die Bulgarische Sozialistische Partei und die Union der demokratischen Kräfte, die letzten großen Kundgebungen im Stadtzentrum Sofias, nur einige hundert Meter voneinander entfernt. Es war nicht ausgeschlossen, daß es Zusammenstöße gab. Doch die Demokratie scheint schon Früchte getragen zu haben. Sofia war mit blauen Fahnen überflutet. Jubel und Begeisterung überall. Optimistisch klang auch die Melodie der Beatles „We are the world, we are the people". Bulgarien glaubte an den Sieg der Demokratie.

Die Ergebnisse des ersten Wahlganges entsprachen annähernd den Prognosen, nur den Hoffnungen entsprachen sie nicht. Im Bemühen, ihre Stellung, besonders in der Provinz, zu halten, war die BSP sehr weit gegangen. Die Furcht war ihre stärkste Waffe im Wahlkampf gewesen. Im Grunde genommen ist der Bulgare konservativ und mißtraut schönen Worten, besonders wenn es um die Zukunft geht. Das ist wohl auch nicht anders zu erwarten, blickt man auf die vergangenen sechs Jahrhunderte zurück, die für uns Bulgaren alles andere, nur nicht Freiheit bedeuteten. Eine Ausnahme sind nur die zwei, drei Jahrzehnte zu Beginn unseres Jahrhunderts.

Im Wahlkampf hatte die BSP derart die Karten gemischt, daß sie selbst von dem Ergebnis überrascht war. Ihre Prozente hatten die Erwartungen weit übertroffen, die Bauernpartei, die den Prognosen nach den dritten Platz belegen mußte, war ihrer traditionellen Wählerschaft „beraubt" worden (die Sozialisten hatten den Bauern eingeschärft, sie hätten mit dem roten Wahlzettel abzustimmen), und im Endergebnis stellte sich heraus, daß die „Bewegung für Rechte und Freiheiten" die dritte und somit entscheidende politische Kraft, das Zünglein an der Waage, geworden war. Die Union der demokratischen Kräfte hatte weniger Stimmen als erwartet bekommen. Doch für eine Partei der jungen Generation waren 36 Prozent gar nicht so wenig. Für die Bulgaren waren dennoch die Fälschungen eindeutig. Aus Protest besetzten Studenten am 11. Juni die Universität von Sofia. Die Zuspitzung der politischen Auseinandersetzungen in der Zeit zwischen erstem und zweitem Wahlgang veranlaßte die Studenten, einen Authentizitätsbeweis für den am 14. Juni im Fernsehen gezeigten Videostreifen einzufordern, mit dem der Zwischenfall (Mladenows Überlegung, Panzer gegen Demonstranten einzusetzen) vom 14. Dezember 1989 wieder ins Bewußtsein der Menschen gerufen worden war. Der Streik breitete sich auf die übrigen Hochschulen in Sofia und anderen Städten aus. Dem Streik schlossen sich die Eltern der Studenten, viele Hochschullehrer und Bürger aus allen Teilen der Bevölkerung an. Es gab Sitz-, Hunger-, Staffel-, ja sogar Hängestreiks. Die Spannung spitzte sich zu, als Präsident Mladenow am 4. Juli zugeben mußte, daß der Video-Streifen authentisch ist, der berüchtigte Satz also auch. Aber Mladenows Rücktritt, die logische Konsequenz, blieb aus. Notgedrungen distanzierte sich sogar die Parteizeitung der BSP, die „Duma", vom Parteimitglied Mladenow. Damit war Mladenows Kredit verspielt — der Regisseur des ersten Aktes der Demokratie in Bulgarien mußte abtreten. Am 6. Juli, keine 94 Tage nach seiner Wahl zum ersten bulgarischen Präsidenten, dankte das Staatsoberhaupt ab. Die Studenten hatten ihre Verantwortung der Gegenwart und der Zukunft gegenüber bekundet, aber anders, als der Präsident es erwartet hatte.

Panzer waren nicht aufgefahren. Bulgarien blieb seiner Geschichte treu. Die Wahlen fielen zugunsten der BSP aus, doch das Parlament ist jetzt pluralistisch zusammengesetzt. Eine Partei gewann die absolute Mehrheit, scheint aber nicht gewillt, eine Einparteien-Regierung zu bilden. Dem Staat fehlt der Präsident, und wir haben nur Vermutungen, wie die neue bulgarische Regierung aussehen könnte. Die Wandlungen der regierenden Partei, mit denen beabsichtigt war, die tiefe Identitätskrise der — umbenannten — kommunistischen Partei als eine echte Revolution darzustellen, endeten im Nirgendwo. Die Hoffnung auf Demokratie, die Notwendigkeit, die Krise in Bulgarien zu überwinden und den spalterischen Tendenzen innerhalb der politischen Parteien zu widerstehen, sind groß. Die Zersplitterung wird nicht ohne Grund Balkanisierung genannt. Um so dringender ist der Wunsch nach Bildung einer starken und arbeitsfähigen Regierung, die die Weichen für eine neue Wirtschaft und eine neue Politik stellen kann. Ganz gewiß jedoch nicht nach rumänischem Vorbild. In Bukarest verprügelten Bergarbeiter demonstrierende Bürger. In Bulgarien drohten die in der Landwirtschaft arbeitenden Traktoristen, Sofia zu belagern. Aber auch diese Drohung ist Vergangenheit. Der Hauptdarsteller, die junge Generation Bulgariens, bleibt streikbereit, solange die Probleme nicht gelöst werden. Auf der Bühne, auf dem Platz vor dem Amt des Präsidenten, bleiben die eigentlichen Akteure, die Bewegung „Schauspieler für Demokratie", zurück, die ihre streikenden Kinder abgelöst haben. Gedämpft aus dem Kassettenrecorder hört man Richard Clayderman ...

Zum siebten Mal in der Geschichte Bulgariens tritt die Verfassunggebende Nationalversammlung zusammen, und traditionsgemäß nach einer politischen Krise.

Die Revolution in Blau geht weiter.

45 ГОД

Die Todeslager von Bulgarien

„45 Jahre Verfolgung!“ lautet die Überschrift auf Plakaten, die Oppositionsgruppen im Mai 1990 in Sofia an Häuserwände kleben. Sie zeigen eine Landkarte Bulgariens, auf der durch Totenköpfe 65 Konzentrationslager markiert sind, in denen seit dem Einmarsch der Roten Armee Ende des Zweiten Weltkrieges zu Tausenden Gegner des Kommunismus hingerichtet oder zu Tode geschunden wurden. Allein die Zahl willkürlicher Hinrichtungen kurz nach Kriegsende liegt nach Angaben der sozialistischen Regierung in Sofia bei 20 000, nach Schätzungen von Oppositionsgruppen sogar bei 200 000. Der bulgarische „Archipel Gulag“ war in den Jahren des größten stalinistischen Terrors von 1945 bis 1962 nach dem Vorbild der deutschen Nazi-Konzentrationslager organisiert. Politische Häftlinge waren zusammen mit Kriminellen in Holzbaracken untergebracht und mußten Schwerstarbeit leisten — vor allem in Steinbrüchen. Wer bei den Hungerrationen die festgelegten Normen nicht erfüllte, riskierte, von den aus Kriminellen bestehenden Bewachern zu Tode geprügelt zu werden. Die Leichen wurden in Massengräber geworfen.

Auch in Sofia ertönt der Ruf: „Wir sind das Volk!“

Vor der Alexander-Newskij-Kathedrale in Sofia kommt es vom November 1989 an zu antikommunistischen Demonstrationen, an denen bis zu 100 000 Menschen teilnehmen. Sprecher der Opposition fordern ein Ende des Machtmonopols der kommunistischen Partei, freie Wahlen, Pressefreiheit und eine unabhängige Justiz. Wie in Ost-Berlin und Leipzig wird nun auch in Sofia gerufen: „Wir sind das Volk!“ Die Regierung sieht sich gezwungen, festgenommene Oppositionelle wieder freizulassen. Zum erstenmal kommt es auf Initiative einer neugegründeten Gruppe „Öko-Glasnost“ zu öffentlichen Diskussionen über die auch in Bulgarien überhand nehmende Umweltverschmutzung.

300 000 Türken verlassen das Land

Ein Massenexodus türkischstämmiger Familien verschärft im Sommer 1989 die wirtschaftlichen Schwierigkeiten der Volksrepublik Bulgarien. Ganze Dörfer leeren sich, und viele Arbeitsplätze können nicht mehr besetzt werden. Insgesamt flüchten vom Mai bis zum August rund 300 000 „bulgarische Muslime", wie sie in der Amtssprache genannt werden, in die Türkei. Die insgesamt über eine Million Menschen zählende türkische Minderheit Bulgariens fühlt sich durch die kommunistische Führung seit langem unterdrückt. Als besondere Schikane empfinden es die Türken, daß man sie amtlich zu einer „Bulgarisierung" ihrer türkischen Namen zwingt. Forderungen der Minderheit nach Einrichtung türkischer Schulen und voller Religionsfreiheit blieben unerfüllt.

TÜRKİYE

Am Wahltag wird die Opposition enttäuscht

Im Juni 1990 finden in Bulgarien zum erstenmal seit dem Zweiten Weltkrieg freie Wahlen statt. Vier Tage vor dem Wahltermin rufen Oppositionsgruppen bei einer Großdemonstration in Sofia die Bevölkerung dazu auf, ihre Stimme den neuen demokratischen Parteien zu geben. Doch für die Opposition endet die Wahl mit einer Enttäuschung. Die aus der ehemaligen Kommunistischen Partei hervorgegangene Bulgarische Sozialistische Partei erreicht mit knapp 53 Prozent der Stimmen die absolute Mehrheit im Parlament. Auf die „Union der demokratischen Kräfte" entfallen nur 36 Prozent. Die regierenden Sozialisten versprechen die Einführung der Marktwirtschaft und demokratische Reformen auf allen Gebieten. Bulgarien soll ein demokratischer Rechtstaat werden.

СДС
ВРЕМЕТО Е НАШЕ
СДС
ВРЕМЕТО Е НАШЕ

Revolution in Rumänien: Endlich wachsen Birnen an den Pappeln

Von Mircea Dinescu

Ein eher amüsantes als unheilverkündendes Ereignis hat in Bukarest kurz vor dem letzten Parteitag der Kommunisten stattgefunden: Eines Morgens hingen in den Pappeln vor den Wohnheimen der Studenten echte Birnen. Das Wunder fand dann durch die eilends herbeigerufenen Polizisten schnell seine Erklärung: Studenten hatten die Birnen nachts mit Bindfaden an die Äste der Pappeln geknüpft – als politische Anspielung auf eine der letzten Reden Ceauşescus, in der er sich ironisch auf die jüngsten Veränderungen im Ostblock bezogen und behauptet hatte: „In Rumänien wird es erst dann Reformen geben, wenn an der Pappel Birnen und an der Weide Mirabellen wachsen." Dieses rumänische Sprichwort war Gegenstand amüsierter Freude für die Parteiaktivisten, die der Vision des weisen Führers frenetisch Beifall klatschten. Dieser, so stellte sich später heraus, war ein genauso selbstgewisser Prophet wie sein Kampfgenosse Honecker, der gerade der Berliner Mauer ein mindestens hundert Jahre langes Leben bei guter Gesundheit vorausgesagt hatte. Die letzten Mohikaner des Stalinismus in Europa glaubten tatsächlich an die eigenen Prophezeiungen.

Was Ceauşescu betrifft, so sprach manches tatsächlich für seine Selbstsicherheit: In Rumänien hörte der Geheimdienst Securitate auch das mit, was die Bürger des Landes im Schlaf sprachen. Die Grenzen waren nahezu hermetisch abgeriegelt, damit das Gespenst „Reformismus", das in Europa umging, sich nicht einschleichen konnte; um neun Uhr abends war im ganzen Land Zapfenstreich – das Licht ging aus. Hochzeiten, Taufen, ja sogar festliche Zusammenkünfte von Parteigenossen waren verboten, jede Ansammlung von Bürgern hätte ja gefährlich werden können. Die vier oder fünf Dissidenten waren verhaftet oder standen unter Hausarrest. Aus der Perspektive der „Charta 77" aus der Tschechoslowakei oder der freien polnischen Gewerkschaften sah die rumänische Opposition wie eine Kamikaze-Formation aus – ohne jede Effektivität, ohne jedes Echo.

Wenn irgend jemand unter der Diktatur Ceauşescus absurderweise die Charta der Menschenrechte gedruckt hätte, wäre die Broschüre ganz sicher in der Abteilung für Science-fiction-Literatur ausgestellt worden. Den Rumänen war schon seit langer Zeit das Träumen von den Grundrechten des Menschen vergangen, von so abstrakten und unerreichbaren Dingen wie Meinungsfreiheit, Reisefreiheit usw. Sie versuchten eher, sozusagen die unterste Ebene dieser Rechte zu erreichen: das Recht darauf, zum Beispiel, im Winter nicht in Mänteln schlafen zu müssen (wie der Conducator, der Führer, es ihnen selbst empfohlen hatte), oder die Chance, daß die vom Standpunkt der Wissenschaft zugeteilte Lebensmittelration auch zu erhalten war.

Zwanzig Millionen Rumänen, hungernd und frierend, kauerten in den Höhlen des Kommunismus und warteten wahrscheinlich auf ein Wunder. Aber damals dachte niemand an einen Volksaufstand. Träge und pflanzenhaft verharrten die Rumänen im Winterschlaf – mit der Hoffnung, der liebe Gott möge den meistgeliebten Sohn des Volkes schneller zu sich rufen.

Der Fall der Berliner Mauer war das erste Zeichen dafür, daß es Wunder auch in jenen Ländern gibt, die sich dem Atheismus verschrieben haben. An dem Tag, als die Mauer fiel, war der Sekt aus den Bukarester Lebensmittelläden verschwunden. Das heimliche Fest war von der Securitate bemerkt worden; am nächsten Tag wurden die Polizeipatrouillen im ganzen Land verstärkt.

Als Radio BBC die Nachricht sendete, daß in Temesvar eine Demonstration stattgefunden habe, meinten die Rumänen, eine Nachricht von einem anderen Planeten zu hören. Die telefonischen Verbindungen mit dieser Stadt waren unterbrochen, Panzer hatten um die gesamte Zone einen eisernen Ring gelegt, die Reisenden, die mit den Zügen in Temesvar ankamen, mußten sich ausweisen und wurden durchsucht. Von all diesen Dingen erfuhren wir erst nach all den tragischen Ereignissen. Offiziell hieß es, ungarische Agenten hätten Banden einheimischer Rowdys zu Zerstörungen angestiftet, infolgedessen habe die Armee eingegriffen und Ruhe und Ordnung wiederhergestellt. Wie der Blitz schlug aber in Rumänien etwas anderes ein: eine Tonbandaufnahme von den Straßenkämpfen in Temesvar, mit den Feuerstößen aus den automatischen Waffen, die man klar und deutlich hören konnte – ebenso wie die Schreie der Frauen, die die Soldaten anflehten, nicht auf die eigenen Brüder zu schießen. Dieses Tonband war von einem Flüchtling über die Grenze mitgenommen worden und wurde jetzt, Abend für Abend, von allen ausländischen Rundfunksendern mit Programmen in rumänischer Sprache gesendet: BBC, Stimme Amerikas, Deutsche Welle und Radio Freies Europa.

Die Bürger Rumäniens schienen aber in jenen Tagen eher geneigt zu sein, die Opfer schweigend zu beklagen, denn der wahnsinnige Diktator hatte an die Armee den Befehl ausgegeben, mit Kriegsmunition auf die Straßen zu gehen. Der Realitätsverlust des Diktators war anscheinend grenzenlos. Er schien fähig, sich in den Atombunker inmitten von Bukarest zurückzuziehen und von dort das große Gemetzel an unbewaffneten Demonstranten zu befehligen; er war bereit, den Marmorfußboden des Riesenpalastes, den er sich hatte bauen lassen, mit den Kadavern des eigenen Volkes bedecken zu lassen.

Seine geniale Idee, am Morgen des 21. Dezember eine große Volksversammlung in Bukarest einzuberufen, sollte seinen Sturz herbeiführen. In einer Stadt, in der drei Fußgänger, die auf der Straße beieinander standen, sich verdächtig machten und verhaftet werden konnten, waren mehrere zehntausend „Bürger" auf dem Platz des Palastes der Republik versammelt worden, denen nun die Überlegenheit des kommunistischen Systems erklärt werden sollte. Unter anderem versprach der meistgeliebte Sohn des Volkes jenen Frauen, die mehr als fünf Kinder gebären würden, den Gegenwert von fünf belegten Brötchen für jedes Kind nach den ersten fünf. Die Massen-Show, vom Fernsehen direkt übertragen, schien – wie gewöhnlich – von einem guten Regisseur gelenkt: Tausende von Securitate-Männern in Arbeiterkluft umringten die große Masse der wirklichen Arbeiter. Über die Lautsprecher, die man auf dem Platz installiert hatte, hörte man die von Tonbandgeräten abgespielte Geräuschkulisse: Beifallklatschen und Hochrufe. Plötzlich wurde die enthusiastische Rede des Führers von einem allgemeinen Pfeifkonzert unterbrochen. Die Securitate-Leute am Rand des Platzes kamen mit ihrem rhythmischen Klatschen nicht mehr dagegen an. Das Jahrmarktspektakel war zu Ende. Die Arbeiter warfen die Spruchbänder mit den Losungen fort, Fahnen wurden mit Füßen getreten. Die Fernsehübertragung wurde brüsk unterbrochen, aber das Zeichen zur Revolution war im ganzen Land gesehen worden. Der heimliche Führer der sogenannten rumänischen Revolution war Ceauşescu selbst.

Die Spezialeinheiten, die sofort eintrafen, säuberten den Platz von den Resten des großartigen Schauspiels, Feuerwehrautos, gepanzerte Fahrzeuge mit Maschinengewehren, Soldaten mit Schild und Knüppel umringten die etwa 200 jungen Leute, die sich vor dem Hotel „Intercontinental" versammelt hatten; junge Leute, die ganz plötzlich von der Großen Angst geheilt waren, jener Krankheit, die seit einigen Jahren in Rumänien so viele Opfer forderte. Sie riefen: „Nieder mit dem Diktator", „Tod dem Verbrecher". Und sie sangen eine Melodie mit jenem kurzen Text, der innerhalb weniger Stunden ganz Rumänien erobern sollte: „Olé, olé – Ceauşescu ist passé!" Die Tatsache, daß Ceauşescu auf seinem Präsidentenbalkon mit eigenen Ohren hörte, daß es ihn in Wirklichkeit nicht mehr gab, mag dazu beigetragen haben, daß seine höchst individuelle Angst so stark wurde.

In der darauffolgenden Nacht hörte man auf den Straßen der Hauptstadt die ersten Maschinengewehrsalven. Die Polizei sammelte mit ihren Einsatzwagen von den Straßen die sogenannten „Pakete" ein, das heißt die Gruppen von Jugendlichen, die sich immer noch im Stadtzentrum aufhielten. Gegen Morgen war das große Reinemachen vorbei: Die zerbrochenen Schaufensterscheiben waren ersetzt, die Gehsteige von den Blutpfützen gesäubert. Ein stiller Konsens führte jedoch die Arbeiter der großen Bukarester Betriebe in kompakten Kolonnen über die großen Boulevards zum Palast des Präsidenten.

Der Conducator hatte der Armee befohlen, das Stadtzentrum mit Panzern zu besetzen, doch in den Randvierteln, durch die die Militäreinheiten fahren mußten, hatten sich Frauen mit ihren Kindern auf die Straßen gelegt, so daß die Panzer halten mußten und die Soldaten, mit Tränen in den Augen, zur Zivilbevölkerung überliefen...

Gegen Mittag unternahm Ceauşescu noch einen

Versuch, vom Präsidentenbalkon eine Rede zu halten, doch in den Pfiffen und Buh-Rufen der Menge, die den Platz besetzt hielt, konnte er sich kein Gehör verschaffen. In Panik stieg er in seinen Helikopter, der auf dem Dach des Palastes bereitstand, und hinterließ seine Diener und seine weltlichen Güter der wütenden Menge.

Der Diktator befand sich in der Luft, doch auf der Erde wußte man nicht, wer die Macht übernehmen würde. Bukarest war eine von Fußgängern besetzte Stadt. Junge, Alte, Straßenkehrer und Hochschullehrer tanzten die „Hora der Vereinigung" auf dem Platz des Palastes der Republik, ringsum Scheiterhaufen, auf denen die Parteimitgliedsbüchlein verbrannt wurden. An jenem 22. Dezember verwandelten sich die etwa vier Millionen Mitglieder der kommunistischen Partei in vier Millionen Antikommunisten und zeigten so (falls es noch eines Beweises bedurft hätte), daß wir hier an den Toren zum Orient leben, wo alles möglich ist. Der Fernsehsender, der ohne Blutvergießen besetzt worden war, wurde um die Mittagszeit zum Brennpunkt der ganzen Bewegung. Einem Dichter, den die Menge der Demonstranten aus seinem Hausarrest befreit hatte, wurde die Ehre zuteil, dem rumänischen Volk die Nachricht von dem Sturz der Diktatur mitzuteilen. Seit jenem Augenblick waren aus den Studiohallen, in denen sich Tausende von Menschen aufhielten, Vorzimmer der künftigen Macht in Rumänien geworden, denn alle miteinander warteten sie darauf, sich öffentlich als Anhänger der sogenannten Fernsehrevolution darstellen zu können. Popen und Parteiaktivisten, Dissidenten und Gymnasiasten, Altkommunisten, die schon lange in Ungnade gefallen waren, Kellner und Securitate-Generäle, Kaskadeure und Hofdichter, ehemalige politische Häftlinge und Schauspieler, Totengräber, Arbeiter und Armeeoffiziere, der Patriarch der rumänischen orthodoxen Kirche (der den Diktator in der Presse eben noch dafür beglückwünscht hatte, daß er in Temesvar die Rowdys so schnell erledigt hatte), einfache und gutwillige Bürger, der Rektor der Parteihochschule, Zigeuner, Jugendliche, die noch am Vorabend verletzt worden waren, Verrückte, Rentner, Studenten und Securitate-Spitzel usw. usf. Niemand besaß in jenem Augenblick den Zauberstab, der ehemalige Kollaborateure des Regimes von Helden zu trennen vermocht hätte. Alle sahen damals lebendig aus — lebendig und pathetisch. Die Geschichte selbst, die in den letzten vierzig Jahren in Rumänien kein Lebenszeichen mehr von sich gegeben hatte, war plötzlich auferstanden — mit der ganzen Menagerie der Gesellschaft, die auf dem Bildschirm vorbeizog.

Die erste, die Frühschicht der Revolution hatte ihre Pflicht getan. Doch in Rumänien gab es keine „zweite Schicht", das heißt eine Gruppierung der politischen Opposition, die in dem von den Ereignissen geschaffenen leeren Raum die Macht hätte übernehmen können. Die wenigen Dissidenten waren nicht nur nicht organisiert — sie kannten sich nicht einmal. Ein altes Weiblein, das irgendwie in die Fernsehstudios geraten war und dem wilden Treiben der exaltierten Künstler zuschaute, wie sie Regie führten bei den Auftritten der Bürger und der Militärangehörigen, rief aus: „Ojemine, ihr Lieben, ich seh, daß ein Verrückter gestürzt wurde und daß andere Verrückte an die Macht gekommen sind!" Und natürlich hätten es auch die konservativen und mißtrauischen Generäle abgelehnt, sich unter den Befehl von ein paar verrückten Dichtern zu stellen, deren Allergie für alles, was nach Ruhe und Ordnung aussieht, zur Genüge bekannt ist.

Es bestand in jenem Augenblick die Gefahr einer Militärdiktatur; oder aber jene, daß Angehörige des ehemaligen Ceauşescu-Clans sich doch noch zusammengefunden hätten — unter den Vorzeichen eines rumänischen „Glasnost", eines Sozialismus „mit menschlichem Antlitz". Der Name von Ion Iliescu, ehemaliger Parteiaktivist, seit Jahren marginalisiert und vom Geheimdienst diskret observiert, war schon seit einiger Zeit im Umlauf als möglicher Nachfolger von Ceauşescu. In den ersten Augenblicken der Fernsehrevolution war Ion Iliescu ein Zuschauer im Schlafanzug, in seiner Wohnung, von wo ihn — in aller Eile — ein paar enthusiastische Jugendliche abholten. Iliescu übernahm „das rote Telefon" in der Zentrale des Fernsehsenders; es gelang ihm, einen Teil jener Fußgänger, die über Nacht zu Politikern geworden waren, um sich zu gruppieren. So entstand jener „Rat der Front zur Rettung der Nation" — ein Cocktail aus Menschen unterschiedlicher Generationen und mit unterschiedlichen politischen Auffassungen: in Ungnade gefallene ehemalige Parteiaktivisten, Sportler, Dissidenten, Chauffeure, Ballerinen und Securitate-Generäle.

Am Nachmittag des 22. Dezember schien alles schön und gut. Das pseudokönigliche Analphabetenpaar, das heißt der Diktator und die „weltberühmte Physikerin" (wie sie von den Akademiekollegen tituliert wurde), waren auf ihrer Flucht zu einem geheimen Militärflughafen entdeckt worden. Der Rest der Kamarilla war schon in Handschellen. Auf den Straßen ertönte der Ruf: „Die Armee ist mit uns!" Die Securitate hatte erklärt, daß sie auf der Seite des Volkes stand, die Polizei hatte die Waffen abgegeben. Um etwa 20 Uhr kündigten vereinzelte Maschinengewehrsalven den Anfang des Terrors an, der bis zum Blitzprozeß des Präsidentenpaares drei Tage später dauern sollte. „Das Geheimnis der Terroristen" ist bis heute nicht geklärt worden.

Ein halbes Jahr nach dem schrecklichen Aufstand auf den Straßen schieben sich Securitate und Armee in einem stillen, erbitterten Streit immer noch die Schuld an dem Grauen von Temesvar, Hermannstadt und Bukarest zu. Die Zeitungen sind voller pikanter Szenarien. Nach den einen waren die Terroristen Araber, nach den anderen Sowjetrussen, Außerirdische, Ungarn und manchmal auch Rumänen. Übrigens hat man in unserer Presse auch von Ceauşescu behauptet, er sei nicht etwa ein Rumäne, sondern eine Art Zigeuner gewesen. Die neuentdeckte Neigung zum Nationalismus fordert ihren Tribut in der neuen freien und unabhängigen Presse, und manchmal steigt sie auch in die Straßen hinab und fordert ihren Tribut von der Bevölkerung wie zum Beispiel, vor gar nicht langer Zeit, in Tirgu Mures, wo rumänische Nationalisten auf ihre ungarisch-stämmigen Landsleute losgingen.

Bei uns kann der rumänischen Variante des Faschismus, genannt Kommunismus, nicht wie in Nürnberg der Prozeß gemacht werden, denn die Richter sind ehemalige Untergebene oder Kollegen der Angeklagten. Die rumänische Demokratie ist die bei weitem originellste Demokratie Europas. Es heißt, daß man das erntet, was man sät. In Rumänien hat man vierzig Jahre lang Lügen, Komplizentum, Korruption und Terror gesät – jetzt ernten wir die Früchte der alten Mentalität. Wir waren Gefangene eines balkanischen Kommunismus, jetzt sind wir Gefangene einer balkanischen Demokratie. Ein Teil der Bevölkerung versteht unter Demokratie das Recht, den Bürgern, die eine andere Sprache sprechen, mit Knüppeln die Köpfe einzuschlagen, oder das Recht, eine gesellschaftliche Klasse gegen die andere aufzuhetzen – dann gehen Bergarbeiter gegen Intellektuelle vor.

Die sogenannte Dezember-Revolution hat, wie jedes Wunder, genau drei Tage gedauert. Die Poesie jener drei Tage hat sich allmählich erst in Prosa verwandelt, danach in eine Tragikomödie. Die Charta der Menschenrechte ist zu einer Büchse der Pandora geworden, aus der groteske Gaben entweichen: das Recht der Menschen, einander zu schaden, das Recht auf Verleumdung, das Recht auf Flucht vor Verantwortung, das Recht auf Diebstahl. Nachdem die Masse der Bevölkerung jene Ideale, von denen sie unter Ceauşescu geträumt hat, erreicht hat (das heißt einen einigermaßen vollen Bauch und westliche Discomusik im Fernsehen), versteht sie Sinn und Zweck einer Opposition nicht mehr. Die Intellektuellen haben sich ihrerseits für eine Opposition entschieden, die sich auf den Straßen erschöpft; durch das regierungsfeindliche Schauspiel, das zu einer Parodie auf den Dezember-Aufstand geworden ist und dem beim großen Publikum kein Erfolg beschieden war, haben sie sich isoliert. Auch darin hat sich die rumänische Originalität als grenzenlos herausgestellt: Die Opposition hat es geschafft, die Mehrheit der Bevölkerung der „Front zur Rettung der Nation“ in die Arme zu treiben.

Viele Journalisten behaupten, es gebe in Rumänien die Gefahr eines Neokommunismus. Nichts ist falscher als das. Sowohl die bedeutendsten Mitarbeiter der Securitate, die auf die Füße gefallen sind, als auch die ehemaligen Parteiaktivisten, die weiter wichtige Posten besetzen, sind Anhänger der Konsumgesellschaft. Sogar unter Ceauşescu waren sie Nutznießer einer solchen Gesellschaft; sie versorgten sich ja mit westlichen Waren, die für den Normalverbraucher natürlich unerreichbar waren. Tatsache ist, daß in Rumänien die ersten Privatiers die gleichen hellen Köpfe des alten Regimes sind, die sich schon früher recht gut durchgeschlagen haben. Die Angehörigen der alten Mafia haben die Parteilosungen vergessen und sind bereit, im Bauch der Freiheitsstatue Läden aufzumachen.

Das Netz der Beziehungen, das viele Jahre lang von Angehörigen des administrativen und technokratischen Apparates gewoben worden war, konnte in nur sechs Monaten nicht zerrissen werden. Diese Leute, die sich sowohl in die „Front zur Rettung der Nation“ als auch in die Oppositionsparteien eingeschlichen haben, sehen jetzt schon wie die Klasse der Privilegierten einer neuen Gesellschaft aus.

Die Hauptgefahr in Rumänien ist nicht der Neokommunismus, sondern seine Begleiterscheinungen: Neokorruption, Neolevantinismus und nicht zuletzt unser natürliches Talent, uns selbst die Mützen zu stehlen.

Wir müssen jetzt überlegen, ob die Zustände in der Antike nicht glücklicher waren, als die Tyrannen nicht nur Pferd und Ehefrau mit sich ins Grab nahmen, sondern auch Ratgeber, Freunde und Lobhudler. Sie aber hat Ceauşescu uns vermacht: Ihre Fähigkeit, sich an die neue Situation anzupassen, ist so groß, daß man nicht ausschließen kann, die Zukunft könnte eines Tages ihnen gehören.

(Übersetzung von Werner Söllner)

Ein Monument des Größenwahns

Größer als der Königspalast von Versailles und zugleich toter als der Zentralfriedhof von Chikago erhebt sich in der rumänischen Hauptstadt Bukarest der „Palast der Republik", ein Monument des Größenwahns des stalinistischen Diktators Nicolae Ceaușescu. Für den Protzbau hatte Ceaușescu ein ganzes Altstadtviertel mit zwölf Kirchen, einer Synagoge und zahlreichen anderen öffentlichen Gebäuden plattwalzen lassen. An die 100 000 Soldaten wurden zu den Bauarbeiten abkommandiert, die unter der Leitung von 400 Architekten standen. Aber auch nach fünfjähriger Bauarbeit ist der vierflügelige Klotz mit dem 90 Meter hohen Mittelbau im Innern noch unvollendet, als Ende 1989 die Macht des als „Titan der Titanen" gefeierten Bauherrn Nicolae Ceaușescu abrupt zu Ende geht.

Soldaten und Zivilisten kämpfen gemeinsam

Ein vier Tage zuvor in der westrumänischen Stadt Temesvar ausgebrochener Aufstand gegen den Diktator Nicolae Ceauşescu greift am 21. Dezember 1989 auch auf die Hauptstadt über. Nachdem Einheiten der Geheimpolizei „Securitate“ auf demonstrierende Arbeiter geschossen haben, verbünden sich Armeeangehörige (Foto) mit aufständischen Zivilisten gegen die „Securitate“. Sie stürmen gemeinsam das Gebäude des Zentralkomitees der Kommunistischen Partei. Während der Diktator und seine Frau heimlich aus der Stadt fliehen, toben im Zentrum Bukarests Straßenschlachten. Viele Freiheitskämpfer fallen Heckenschützen der „Securitate“ zum Opfer, die sich in öffentlichen Gebäuden verbarrikadiert haben.

Trauer um die Toten von Temesvar

Weinend kniet ein Mann in Temesvar vor exhumierten Kindern, Frauen und Männern. Bei der Suche nach verschwundenen Folteropfern der gefürchteten Geheimpolizei „Securitate" hatte die Bevölkerung die Toten auf dem Armenfriedhof der Stadt ausgegraben. Wenig später gingen Fotos der Leichen um die Welt und heizten zugleich in Rumänien den Widerstand gegen das Ceauşescu-Regime an. Erst nach der Revolution gab es Hinweise, daß die meisten der Ausgegrabenen in einem Krankenhaus eines natürlichen Todes gestorben waren. Obduktionsspuren sollen fälschlich für Folterwunden gehalten worden sein. Tatsache aber bleibt, daß die „Securitate" in Temesvar ein Blutbad anrichtete. Die genaue Zahl der Opfer blieb unbekannt, liegt aber auf jeden Fall weit über hundert. So zählten Studenten bei gründlichen Nachforschungen 145 tote Revolutionsopfer und 25 Verschollene, deren Tod ebenfalls als ziemlich sicher gilt. In der Nacht vom 18. auf den 19. Dezember, als sich in der „Märtyrerstadt" Temesvar die Volkswut auf die Schergen Ceauşescus entlud, verschwanden aus der Leichenkammer des Kreiskrankenhauses auf rätselhafte Weise allein 42 Menschen, die schweren Verletzungen erlegen waren.

Krieg im Zentrum von Bukarest

Am 22. Dezember 1989 tobt in der Bukarester Innenstadt ein erbitterter Bürgerkrieg. Am Platz der Republik schlagen Flammen aus den Fenstern staatlicher Gebäude, aus denen kurz zuvor noch „Securitate"-Leute die Revolutionäre mit Maschinengewehren beschossen haben. Panzer rasseln durch die Straßen, Barrikaden werden gebaut, Zivilisten schleppen Verpflegung für die mit den Aufständischen verbündeten Soldaten herbei. Als Arbeiter und Soldaten den Regierungspalast stürmen, flieht der Diktator Nicolae Ceauşescu mit seiner Frau Elena in einem Hubschrauber zu einem nahen Flugplatz, von dem aus beide die Flucht in einem Auto fortsetzen. Gegen Abend ist ein großer Teil der Stadt in den Händen der Aufständischen.

Der Dank für einen braven Soldaten

In Temesvar, von wo aus die Unruhen auf ganz Rumänien übergriffen, herrscht Weihnachten 1989 wieder Ruhe. Die letzten Geheimpolizisten der „Securitate“ sind festgenommen oder geflohen. Weinend fällt ein alter Mann auf der Straße einem Soldaten um den Hals, um ihm für die Hilfe beim Kampf gegen die Ceaușescu-Terroristen zu danken.

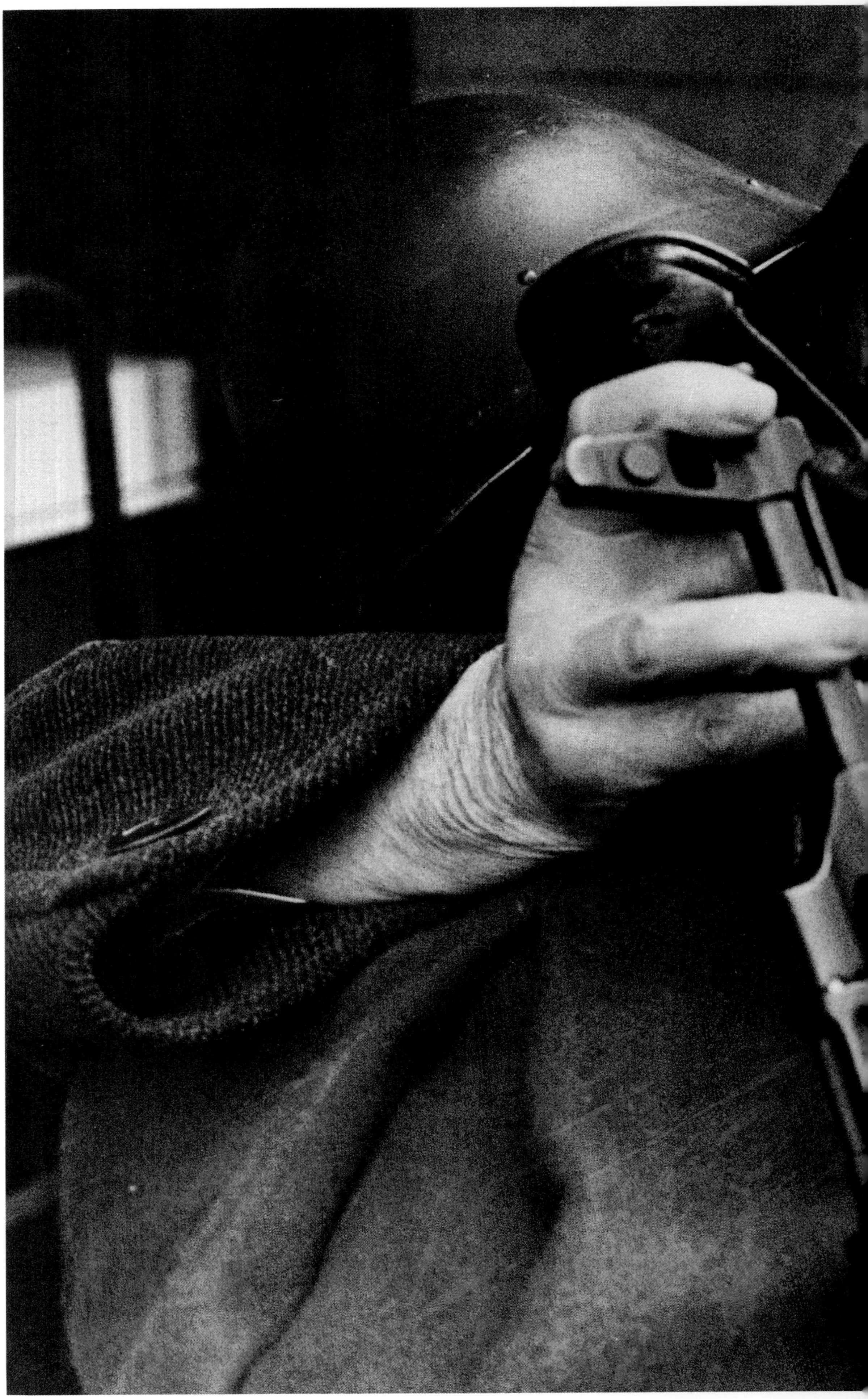

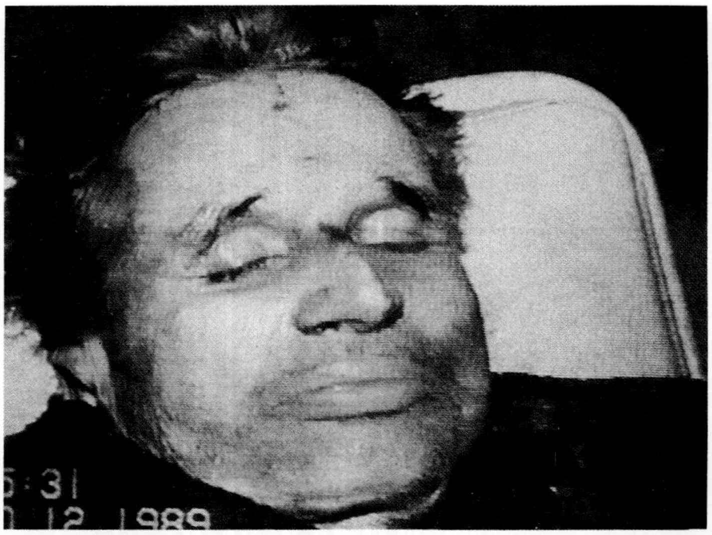

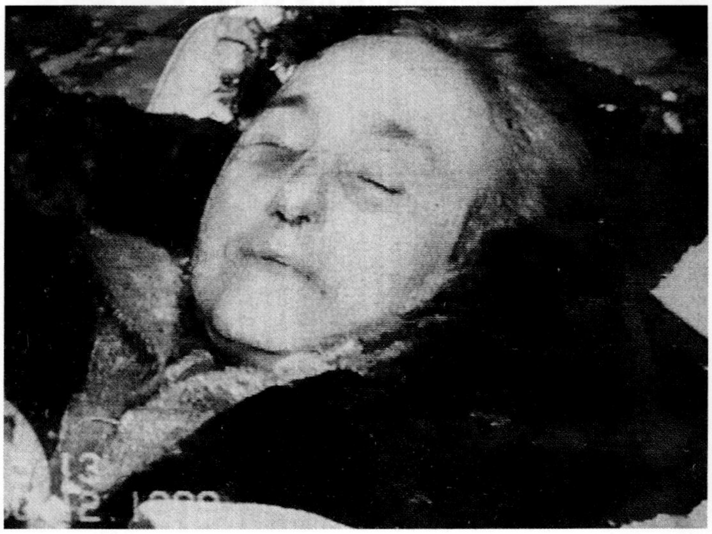

Ein toter Diktator und 800 tote Revolutionäre

Am zweiten Weihnachtsfeiertag 1989 zeigt das rumänische Fernsehen Fotos des toten Diktators und seiner Frau. Nicolae und Elena Ceaușescu waren bei ihrer Flucht von der Armee festgenommen und in einem Geheimprozeß von einem Militärgericht zum Tode verurteilt worden. Sie wurden anschließend sofort erschossen. Im Gerichtsmedizinischen Institut von Bukarest werden über Weihnachten die Toten der Revolution in einfache Holzsärge gebettet. Es dauert mehrere Tage, ehe die etwa 800 Leichen von ihren Angehörigen identifiziert sind und beigesetzt werden können.

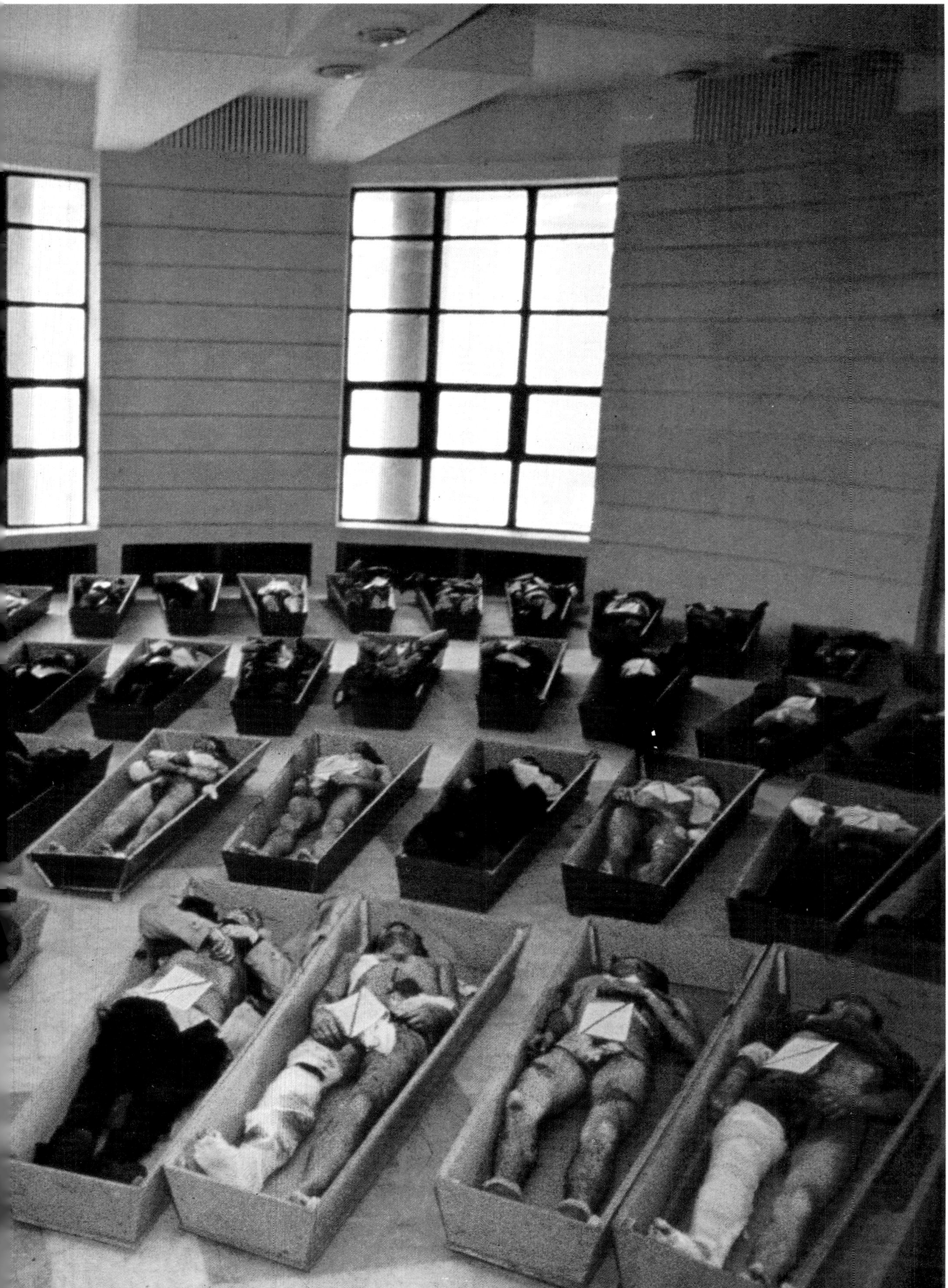

Prozesse gegen die „Securitate"

Ehemalige Kommunisten, Armeeangehörige und Vertreter verschiedener politischer Richtungen schließen sich nach dem Sturz Ceauşescus zu einer „Front zur Nationalen Rettung" zusammen und bilden eine Übergangsregierung. Zu den ersten Maßnahmen der von dem früheren kommunistischen Jugendminister Ion Iliescu geführten Regierung gehört die Festnahme und Verurteilung von „Securitate"-Leuten, die sich an Massakern und Folterungen beteiligt haben. Im westrumänischen Temesvar, wo Ceauşescus Geheimdienst besonders brutal gegen die Bevölkerung vorging, werden im März 1990 in einem Schauprozeß 21 führende „Securitate"-Männer abgeurteilt, die bereits Sträflingskleidung tragen, als sie auf der Anklagebank Platz nehmen.

POLITIA

Auch der neue Mann regiert mit Gewalt

Bei den ersten freien Wahlen in Rumänien erringt die „Front zur Nationalen Rettung“ im Mai 1990 rund 85 Prozent der Stimmen. Staatspräsident Ion Iliescu wird in seinem Amt bestätigt, bleibt aber umstritten. Er galt lange als Vertrauter und Kronprinz des verhaßten Diktators Nicolae Ceaușescu. Aus Protest gegen ihn besetzen 250 Studenten von Anfang April an den Bukarester Universitätsplatz. Tag für Tag fordern sie in Sprechchören „Nieder mit Iliescu!“ und „Nieder mit dem Kommunismus!“. Nach neun Wochen räumt die Polizei in einem Großeinsatz den Universitätsplatz. Als die Studenten Zulauf von Tausenden Gleichgesinnter erhalten, läßt Präsident Iliescu ihm ergebene Bergarbeiter heranschaffen. Die Kumpel gehen mit Eisenstangen auf die Demonstranten los, zerschlagen die Einrichtung von Büros antikommunistischer Organisationen und bringen nach längeren Straßenschlachten auch die letzte Opposition zum Verstummen.

Die Chronik der Ereignisse

UNGARN

Am **4. April 1945** vertreibt die Rote Armee die letzten deutschen Wehrmachtseinheiten, die in Budapest eine Schreckensherrschaft ausgeübt und Hunderttausende Ungarn in Konzentrationslager deportiert hatten. Mit sowjetischer Hilfe kommen die Kommunisten an die Macht. 1949 wird Ungarn Volksrepublik. Am **23. Oktober 1956** beginnt ein Volksaufstand für demokratische Freiheiten. Ministerpräsident Imre Nagy erklärt den Austritt Ungarns aus dem Warschauer Pakt. Am **10./11. November 1956** schlagen sowjetische Truppen die „Konterrevolution“ nieder. Es gibt mehrere tausend Tote und mehrere zehntausend Verletzte, fast 200 000 Ungarn fliehen ins Ausland. Nagy wird im Juni 1958 hingerichtet. Neuer KP-Chef wird János Kádár.

1987

27./28. September
In Lakitelek, einem Dorf 120 Kilometer südwestlich von Budapest, treffen sich erstmals 150 namhafte, regimekritische Intellektuelle und Schriftsteller, um „Schritte zur Demokratisierung“ zu erörtern. Ihr Antrag, sich in einer Organisation zusammenzuschließen, dem „Ungarischen Demokratischen Forum“ (UDF), wird von den Behörden abgelehnt.

1988

23./24. März
Auf einer ZK-Tagung der Kommunistischen Partei kommt es zu heftigen Auseinandersetzungen. Die wachsenden wirtschaftlichen Schwierigkeiten in der letzten Zeit hätten gezeigt, daß man mit Zentralismus nicht weiterkomme. Die politischen Institutionen des Landes seien veraltet. Man müsse die Gesellschaft zu selbständigem Handeln, Selbstverwaltung und Selbstverantwortung anregen.
1. Mai
Unabhängige politische, ökologische und religiöse Gruppen sowie Jugendorganisationen bilden einen Dachverband, das „Netz freier Initiativen“. Es schlägt als Ausweg aus der wirtschaftlichen und gesellschaftlichen Krise ein Mehrparteiensystem, ein frei gewähltes Parlament und eine staatlich-private Mischwirtschaft vor.
15. Mai
Das „Ungarische Demokratische Forum“ fordert die Rehabilitierung des hingerichteten ehemaligen Ministerpräsidenten Imre Nagy.
20.–23. Mai
Der 75jährige János Kádár wird auf einem Sonderparteitag der Kommunisten entmachtet. Zum neuen Generalsekretär wird der Ministerpräsident und Reformer Károly Grósz, 57, gewählt.
27. Juni
Auf dem Heldenplatz von Budapest solidarisieren sich 50 000 Menschen mit der in Rumänien unterdrückten ungarischen Minderheit, die vor allem von Ceaușescus gigantischem Dorfzerstörungsprogramm betroffen ist. Es ist die erste Kundgebung in Osteuropa, die gegen die Führung eines anderen Warschauer Pakt-Staates gerichtet ist.
4. September
Offizielles Gründungstreffen des „Ungarischen Demokratischen Forums“ (UDF). Es versteht sich als eine Bewegung der Mitte und befürwortet ein Mehrparteiensystem.
11. November
Rund 1000 konservative Mitglieder der Kommunistischen Partei schließen sich in der „Ferenc-Münnich-Gesellschaft“ zusammen, um den „Sozialismus zu verteidigen“. Der Ungar Münnich gehörte zu den Mitbegründern der KPdSU.
13. November
Das „Netz freier Initiativen“ konstituiert sich als „Bund freier Demokraten“, die künftige liberale Partei Ungarns.

1989

1. Januar
Weitere Reformen treten in Kraft: Alle Bürger dürfen Aktien erwerben, Privatunternehmen statt bisher 30 nun bis zu 500 Arbeitnehmer beschäftigen.
11. Januar
Das Parlament beschließt ein Gesetz über die Gründung politischer Parteien. Die vielen in letzter Zeit entstandenen kleinen Oppositionsgruppen werden damit legalisiert. Veranstaltungen in geschlossenen Räumen unterliegen ab sofort praktisch keinen Einschränkungen mehr, Demonstrationen werden erlaubt.
11. Februar
Das ZK der ungarischen KP spricht sich für ein Mehrparteiensystem aus und beschließt außerdem, die Erhebung von 1956 nicht mehr „Konterrevolution“, sondern „Volksaufstand“ zu nennen.
20./21. Februar
Die Kommunistische Partei verzichtet auf ihre in der Verfassung garantierte Führungsrolle.
15. März
Erstmals seit Jahrzehnten wird der Jahrestag der Revolution von 1848 wieder als staatlicher Feiertag begangen. Über 50 000 Menschen kommen in Budapest zu einer oppositionellen Demonstration zusammen.
23. März
Das Parlament verankert das Streikrecht in der Verfassung.
12. April
Das ZK-Plenum wählt eine neue Führung, in der die Reformer noch stärker vertreten sind.
2. Mai
Ungarn beginnt an der österreichisch-ungarischen Grenze mit dem Abbau des Eisernen Vorhangs.
13. Juni
Kommunisten und Opposition beginnen Gespräche am Runden Tisch. Zu seinen Aufgaben gehört vor allem die Verabschiedung eines neuen Wahlgesetzes.
16. Juni
Die sterblichen Überreste von Imre Nagy werden am 31. Jahrestag seiner Hinrichtung in Anwesenheit der höchsten Vertreter von Staat und Partei mit allen Ehren neu beigesetzt.
10. September
Der ungarische Außenminister Gyula Horn setzt das Reiseverkehrsabkommen mit der DDR außer Kraft und öffnet die Grenze zum Westen für die zahlreichen DDR-Urlauber im Land.
23. September
Ungarn hat nach offiziellen Angaben die Rehabilitierung von mehr als 100 000 Stalinismus-Opfern eingeleitet. Der rote Stern wird als politisches Symbol von öffentlichen Gebäuden entfernt.
8. Oktober
Auf ihrem außerordentlichen Parteitag in Budapest benennt sich die KP in Ungarische Sozialistische Partei um. Sie strebt einen demokratischen Rechtsstaat und die Einführung der Marktwirtschaft an. Orthodoxe Kommunisten gründen eine neue Partei unter der alten Bezeichnung USAP.
18. Oktober
Das Parlament in Budapest verabschiedet gemäß den Vorschlägen des Runden Tischs eine Verfassungsänderung, die ein Mehrparteiensystem ohne Führungsanspruch einer Partei, die Gewaltenteilung und das Amt eines Staatspräsidenten einführt.
23. Oktober
Am Jahrestag des Volksaufstandes von 1956 wird der Name Volksrepublik Ungarn abgeschafft: Unter dem Jubel von Tausenden von Menschen ruft Parlamentspräsident Matyas Szüros auf dem Balkon des Parlamentsgebäudes die Republik Ungarn aus.

1990

15. März
In seiner letzten Sitzung vor den freien Wahlen bittet das ungarische Parlament das Volk um Vergebung für das ihm angetane Unrecht unter kommunistischer Herrschaft. Hunderttausende, die von 1945 bis 1963 aus politischen Gründen verurteilt wurden, werden rehabilitiert.
25. März/8. April
Bei den ersten freien Parlamentswahlen seit 1947 erringt das „Ungarische Demokratische Forum“ knapp 43 Prozent der Stimmen. Es geht mit der Partei der Kleinen Landwirte und den Christlichen Demokraten eine Koalition ein. Die Ungari-

sche Sozialistische Partei, die die radikale Wende eingeleitet hat, erhält lediglich 8,5 Prozent der Stimmen.
23. Mai
Der Vorsitzende des Demokratischen Forums, der konservative Historiker József Antall, wird vom Parlament zum neuen Ministerpräsidenten gewählt. Neuer Staatspräsident wird der Schriftsteller und Freidemokrat Arpad Göncz.

POLEN

Am **17. Januar 1945** rücken sowjetische Truppen in das von den Deutschen bis auf die Ruinen vernichtete Warschau ein. Gegen den Protest der Westmächte zwingt Stalin dem Land eine kommunistische Regierung auf. Am **28. Juni 1956** wird ein Aufstand in Posen von der Polizei niedergeschlagen, es gibt 74 Tote. Nach Preiserhöhungen bricht am **14. Dezember 1970** an der Ostseeküste ein Arbeiteraufstand aus, auch die Arbeiter der Danziger Lenin-Werft – in vorderster Reihe: der 27jährige Elektromonteur Lech Walesa – gehen gegen das Regime auf die Straße. KP-Chef Gomulka beendet den Aufstand mit dem Schießbefehl: Allein in Danzig werden 45 streikende Werft- und Hafenarbeiter von der Miliz getötet. Gomulka muß am **20. Dezember 1970** zurücktreten, sein Nachfolger wird Edward Gierek.

1980

August
Eine Streikwelle, die wegen steigender Fleischpreise Anfang Juli in Lublin begonnen hatte, greift auf die Danziger Lenin-Werft und die gesamte Ostseeküste über. Eine der ersten Forderungen der Werftarbeiter in Danzig ist die Wiedereinstellung von Lech Walesa, der 1976 fristlos entlassen worden war. Am 14. August darf er an seinen Arbeitsplatz zurückkehren. Kurz darauf tritt er an die Spitze eines überbetrieblichen Streikkomitees.
31. August
Die Regierung geht nach zähen und von Walesa geschickt geführten Verhandlungen auf alle Forderungen der Arbeiter ein. Zugestanden werden soziale Verbesserungen, das Streikrecht, die Gründung unabhängiger Gewerkschaften und die Freilassung politischer Häftlinge. Moskau spricht von „imperialistischen Kräften", die in Polen am Werk seien.
18. September
Die Vertreter von über 300 Streikkomitees wählen eine Dachkommission der neuen Gewerkschaftsorganisation „Solidarność" und Walesa zu ihrem Vorsitzenden. „Solidarność" wächst rasch zu einer Bewegung mit zehn Millionen Mitgliedern.
6. September
KP-Chef Edward Gierek muß zurücktreten. Nachfolger wird Stanislaw Kania.
Anfang Dezember
350 000 sowjetische Soldaten stehen an der polnischen Grenze Gewehr bei Fuß, notfalls die „Anarchie" im Bruderstaat zu beenden und die Herrschaft der Kommunisten zu retten. Am 6. Dezember gibt ein kurzfristig einberufener Warschauer Pakt-Gipfel in Moskau Entwarnung. Es heißt, Polen werde seine schweren innenpolitischen Probleme selbst lösen.

1981

13. Januar
Lech Walesa wird in Rom von Johannes Paul II. empfangen, dem ersten Papst aus Polen.
9. Februar
Verteidigungsminister General Wojciech Jaruzelski wird neuer Ministerpräsident. Er legt ein Zehn-Punkte-Programm zur Sanierung der Wirtschaft vor.
5.–10. September, 2.–7. Oktober
Danziger Kongreß von „Solidarność". Hauptforderungen der immer selbstbewußteren Bewegung: politischer Pluralismus, freie Wahlen zum Parlament und Arbeiterselbstverwaltung. Die KP spricht von „abenteuerlichen Tendenzen" und „politisch Wahnsinnigen".
19. Oktober
General Jaruzelski tritt die Nachfolge Kanias an und vereinigt damit die Ämter des Parteichefs, Ministerpräsidenten und Verteidigungsministers. Die Militärs übernehmen faktisch die Macht.
13. Dezember
Um Polens Wirtschaft „vor dem Ruin" zu bewahren und einen „blutigen Bürgerkrieg" zu verhindern, verhängt ein „Militärrat für die nationale Rettung" unter General Jaruzelski das Kriegsrecht und beendet damit den Demokratisierungsprozeß. Führende „Solidarność"-Mitglieder werden verhaftet, Walesa wird in einer Villa 30 Kilometer südöstlich von Warschau in Hausarrest gehalten. Trotz Strafandrohung wird einen Tag später gestreikt und demonstriert. Es gibt Tote und Verletzte. Tausende werden verhaftet.

1982

8. Oktober
„Solidarność" wird per Gesetz verboten und offiziell aufgelöst. An ihrer Stelle baut die Regierung regimetreue Gewerkschaften auf. Die Arbeiter der Danziger Werften reagieren mit Streiks.
15. November
Lech Walesa darf „als Privatmann" aus der Haft zu seiner Familie und nach längerem Tauziehen Ende Januar 1983 auch an seinen Arbeitsplatz in der Lenin-Werft zurückkehren.

1983

16. – 24. Juni
Polen-Reise von Johannes Paul II.: Millionen Menschen besuchen die Messen. Die Bevölkerung nutzt den Papst-Besuch zu Demonstrationen gegen das Kriegsrecht und das Verbot von „Solidarność". Die Reden des Papstes stoßen auf Kritik der Regierung. Am 23. Juni trifft Johannes Paul II. unter Ausschluß der Öffentlichkeit auch mit Lech Walesa zusammen.
5. Oktober
Lech Walesa wird mit dem Friedensnobelpreis ausgezeichnet. Die Urkunde nimmt am 10. Dezember in Oslo Walesas Frau Danuta entgegen. Er selbst blieb zu Hause aus Angst, an der Heimkehr gehindert zu werden.

1984

18. Oktober
Der Priester Jerzy Popieluszko, ein Anhänger der verbotenen „Solidarność", wird von drei Sicherheitsbeamten entführt und ermordet. Die Beisetzung des Priesters wird zu einer Kundgebung für „Solidarność", das Grab Popieluszkos auf dem Friedhof der Warschauer Stanislaw-Kostka-Kirche zu einem Wallfahrtsort. Die schuldigen Sicherheitsbeamten werden am 7. Februar zu hohen Gefängnisstrafen verurteilt.

1985

6. November
KP-Chef und Ministerpräsident General Jaruzelski wird Staatschef, Zbigniew Messner neuer Ministerpräsident.

1986

7. Januar
Polen kann seinen Zahlungsverpflichtungen gegenüber dem Ausland nicht mehr nachkommen. Zahlungsaufschübe werden vereinbart.
15. August
10 091 politische Häftlinge werden freigelassen, darunter der Bürgerrechtler Adam Michnik.

1988

26. April
Nach drastischen Preiserhöhungen bei den Grundnahrungsmitteln beginnen die Stahlarbeiter in Nowa Huta einen Streik, der sich schnell aufs ganze Land ausdehnt. In Danzig besetzen mehrere tausend Arbeiter die Lenin-Werft, die von Sicherheitskräften abgeriegelt wird. Mit einem brutalen Einsatz beenden Polizeieinheiten den Streik in Nowa Huta. Nach einem Ultimatum der Regierung geben auch die Danziger Werftarbeiter auf.
16. August
Im oberschlesischen Steinkohlerevier legen 4000 Bergleute die Arbeit nieder. Der Streik greift auf Industrie- und Verkehrsbetriebe in Warschau und anderen Städten über. Die Arbeiter fordern angesichts einer Inflationsrate von über 60 Prozent und mangelhafter Versorgung höhere Löhne und bessere Arbeitsbedingungen, außerdem die Wiederzulassung von „Solidarność". Das Regime sieht sich gezwungen, erstmals seit sieben Jahren wieder Gespräche mit der verbotenen Gewerkschaft zu führen.
31. August
Lech Walesa ruft zur Beendigung der Streiks auf, nachdem ihm die Regierung Gespräche aller politischen Strömungen an einem Runden Tisch zugesagt hat.
19. September
Die Regierung Messner tritt zurück.

Neuer Ministerpräsident wird der zu den Reformern tendierende frühere „Polityka“-Chefredakteur Mieczyslaw Rakowski. In seinem Kabinett erhalten Reformer die Schlüsselressorts.

30. November
Lech Walesa darf erstmals seit Verhängung des Kriegsrechts im staatlichen Fernsehen seine Ansichten darlegen.

23. Dezember
Das Parlament verabschiedet Gesetze zur Einführung eines freien Unternehmertums und zur Öffnung der Wirtschaft für Auslandskapital.

1989

6. Februar
Erste Gespräche am Runden Tisch zwischen der Regierung unter Leitung von Innenminister Kiszczak und der Opposition unter Leitung von Walesa.

5. April
Abschluß der Verhandlungen am Runden Tisch. Vereinbart werden eine umfassende Verfassungs- und Gesellschaftsreform sowie Wahlen im Juni. Die Opposition erhält Zugang zu den Medien, „Solidarność“ wird offiziell wieder zugelassen.

4. und 18. Juni
Bei den Parlamentswahlen erhält das Bürgerkomitee von „Solidarność“ im Senat 99 der 100 freigewählten Sitze und im Sejm sämtliche den unabhängigen Gruppen zugestandenen 35 Prozent der Mandate. Ministerpräsident Rakowski tritt nach dem Fiasko für die Kommunisten zurück.

9./10. Juli
US-Präsident George Bush sagt bei einem Staatsbesuch eine Finanzhilfe von 115 Millionen Dollar zu. Er spricht vor dem Parlament in Warschau und trifft sich mit Walesa in dessen Haus in Danzig.

19. Juli
Wojciech Jaruzelski, 66, wird mit nur einer Stimme Mehrheit zum Staatspräsidenten gewählt. Er tritt kurz darauf als KP-Chef zurück, um „Präsident aller Polen“ zu sein.

24. August
Tadeusz Mazowiecki, Kandidat von „Solidarność“ und langjähriger Berater Walesas, wird vom Parlament zum ersten nichtkommunistischen Ministerpräsidenten des Landes seit mehr als vierzig Jahren gewählt.

6. November
Das ZK-Plenum der kommunistischen Arbeiterpartei erklärt den Sozialismus und die Partei für gescheitert.

1990

2. Januar
Das Parlament beschließt die Umbenennung des Staates von „Volksrepublik Polen“ in „Republik Polen“, die Führungsrolle der KP wird aus der Verfassung gestrichen.

27.–29. Januar
Auf ihrem 11. Parteitag beschließt die Kommunistische Partei ihre Auflösung. Sie zersplittert in mehrere Gruppen, die größte Delegiertengruppe gründet die Partei „Sozialdemokratie der Republik Polen“.

3. Mai
Neuer Nationalfeiertag. Statt des 22. Juli, der an die Machtübernahme der Kommunisten 1944 erinnern sollte, wird nun der ersten demokratischen Verfassung des Landes vom 3. Mai 1791 gedacht.

27. Mai
Aus den ersten freien Kommunalwahlen gehen die Bürgerkomitees der „Solidarność“ als klare Sieger hervor.

DDR

Nach der Niederlage Nazi-Deutschlands übernehmen russische Militärs die Administration in der „sowjetischen Besatzungszone“. Am **21. April 1946** wird die SPD mit der KPD zur SED zwangsvereinigt. CDU, die Liberaldemokraten, Bauernpartei und Nationaldemokraten werden als „Blockparteien“ einheitlich ausgerichtet. Seit den Wahlen am **15. und 16. Mai 1949** wird eine Einheitsliste aufgestellt, in der sich die SED die Mehrheit sichert.

Am **17. Juni 1953** wird der Volksaufstand von sowjetischen Panzern niedergeschlagen. Mit dem Bau der Berliner Mauer am **13. August 1961** soll den Bürgern das Verlassen des Landes unmöglich gemacht werden.

1989

7. Mai
Kommunalwahlen in der DDR: Angeblich sprechen sich 98,85 Prozent der Wähler für die Einheitsliste aus. In Leipzig werden Ende des Monats mehr als 100 Menschen verhaftet, die gegen die eindeutigen Wahlmanipulationen protestieren.

Ende Juli/August
Mit Beginn der Sommerferien versuchen DDR-Urlauber von Ungarn und der ČSSR aus über die grüne Grenze nach Österreich zu gelangen. Die meisten werden vor der Grenze gefaßt und – gemäß einem Auslieferungsvertrag mit der DDR – in die Heimat zurückgebracht. Viele DDR-Bürger flüchten daraufhin in diesen Ländern in die Botschaften der Bundesrepublik, wo sie auf eine Ausreisemöglichkeit hoffen.

14. August
Vor Mitarbeitern eines Elektrokombinats in Erfurt erklärt Erich Honecker, die alte Erkenntnis der deutschen Arbeiterbewegung „Den Sozialismus in seinem Lauf halten weder Ochs noch Esel auf“ finde durch die große Initiative der Werktätigen in der DDR ihre aktuelle Bestätigung. – Die Botschaft in Budapest wird wegen Überfüllung geschlossen, mehrere hundert Menschen campen auf dem Gelände.

19. August
Über 1000 DDR-Urlauber nutzen ein Volksfest bei Sopron in Ungarn zur Massenflucht nach Österreich.

23. August
Die bundesdeutsche Botschaft in Prag muß schließen. Dort harren unter menschenunwürdigen Verhältnissen über 5500 DDR-Bürger aus.

11. September
Ungarn setzt das Reiseverkehrs-Abkommen mit der DDR außer Kraft und öffnet die Grenze. Bis zum Monatsende kommen mehr als 24 500 DDR-Bürger über diesen Weg in den Westen.

Das „Neue Forum“ mit Bärbel Bohley und Jens Reich konstituiert sich als erste landesweite Oppositionsgruppe. Es wird in einer „Mitteilung des Innenministers“ als „verfassungswidrig und staatsfeindlich“ eingestuft. In den nächsten Wochen bilden sich auch der „Demokratische Aufbruch“ mit Pfarrer Rainer Eppelmann, die Bewegung „Demokratie Jetzt“ mit Konrad Weiß und Wolfgang Ullmann sowie die „Sozialdemokratische Partei in der DDR“ (SDP) mit Ibrahim Böhme.

18. September
Nach einem der traditionellen Montagsgebete in der Leipziger Nicolaikirche formieren sich 1500 Menschen zu einem Protestzug – Auftakt für die „Montags-Demonstrationen“ der folgenden Monate. Die Stasi nimmt 130 Personen fest.

30. September
Bundesaußenminister Hans-Dietrich Genscher gibt auf dem Balkon der Prager Botschaft den auf dem Gelände campenden DDR-Bürgern ihre bevorstehende Ausreise bekannt. Mit Sonderzügen der DDR-Reichsbahn werden 5500 Menschen über das Territorium der DDR in die Bundesrepublik gebracht.

2. Oktober
Die Prager Botschaft ist wieder überfüllt. Zur zweiten Montags-Demo finden sich 15 000 Leipziger ein, die „Gorbi, Gorbi“-Rufe skandieren und die Zulassung des „Neuen Forums“ fordern. Bereitschaftspolizei schreitet mit Gummiknüppeln und Elektrostäben ein, mehrere Menschen werden schwer verletzt.

4. Oktober
In Dresden versammeln sich 5000 Bürger am Bahnhof, durch den weitere Flüchtlingszüge rollen. Einige versuchen, auf die Züge aufzuspringen. Es kommt zu heftigen Straßenschlachten mit der Polizei.

7. Oktober
40. Gründungstag der DDR. Die Regierungschefs sämtlicher Warschauer Pakt-Staaten sowie über 60 weitere Gastdelegationen aus aller Welt sind angereist. Michail Gorbatschow mahnt Reformen an: „Wer zu spät kommt, den bestraft das Leben.“ Erich Honecker dagegen lobt in seiner Festansprache ohne jede Selbstkritik die Errungenschaften und Leistungen der DDR. Am Abend demonstrieren in Ost-Berlin, Dresden, Leipzig und anderen DDR-Städten Zehntausende gegen das SED-Regime. Polizei und Stasi prügeln mit Schlagstöcken brutal auf die zumeist jungen Leute ein. Hunderte werden in der Haft mißhandelt.

9. Oktober
Erich Honecker weist die Armee an, die heutige Montags-Demonstration in Leipzig „mit aller Gewalt“ niederzuschlagen. An Krankenhäuser geht die Order, hinreichend Betten und Blutkonserven in

Reserve zu halten. Die 70 000 Leipziger rufen friedlich „Wir sind das Volk", „Wir bleiben hier" und „Keine Gewalt". Der Einsatzbefehl an die Armee wird nicht erteilt.

16. Oktober
In Leipzig, zur „Heldenstadt der DDR" geworden, sind 150 000 auf den Beinen. Auch in Halle, Magdeburg, Dresden und anderen Städten wird demonstriert.

18. Oktober
Der 77jährige Staats- und Parteichef Erich Honecker wird vom ZK zum Rücktritt gezwungen, Egon Krenz ist der neue SED-Generalsekretär.

23. Oktober
Über den Leipziger Ring marschieren 300 000 Menschen, die von der Krenz-Ernennung enttäuscht sind und freie Wahlen fordern. Montags-Demonstrationen und Schweigemärsche auch in Ost-Berlin und anderen Städten.

24. Oktober
Egon Krenz bedauert in einer Fernsehansprache, daß es bei den Demonstrationen am 7. Oktober zu „Härten" gekommen sei. In den nächsten Tagen kommt es zu ersten Gesprächen zwischen SED-Funktionären und Oppositionellen.

3. November
Egon Krenz kündigt ein „Aktionsprogramm" zur Verwirklichung der Wende an.

4. November
Auf dem Ost-Berliner Alexanderplatz demonstrieren mehr als eine Million Menschen für freie Wahlen, Meinungsfreiheit, die Aufgabe des Führungsmonopols der SED sowie den Rücktritt des „Wendehalses" Krenz und seiner Regierung. Das DDR-Fernsehen überträgt die von Künstlern, Schriftstellern und Schauspielern arrangierte Kundgebung direkt und ohne vorherige Ankündigung.

6. November
Trotz Eiseskälte und Dauerregen kommen in Leipzig und anderen Städten wieder 750 000 Menschen zu den Demonstrationen. Ihre Wut richtet sich auch gegen den neuen Reisegesetzentwurf, der Fahrten ins Ausland noch immer bürokratisch reglementiert.

7. November
Ein Volkskammer-Ausschuß lehnt das geplante Reisegesetz als unzureichend ab. Die Regierung unter Ministerpräsident Willi Stoph tritt zurück.

8. November
Das SED-Politbüro tritt geschlossen zurück. Ins neue Gremium wird der Dresdner Bezirkschef Hans Modrow gewählt. Immer noch verlassen täglich Tausende DDR-Bürger ihr Land, seit dem Sommer haben ihm mehr als 150 000 den Rücken gekehrt.

9. November
Um 19.07 Uhr gibt SED-Politbüromitglied Günter Schabowski die sofortige Öffnung der Grenzen bekannt. Die Mauer, die, so Honecker noch am 22. Januar dieses Jahres, „noch in hundert Jahren" stehen werde, fällt. Noch in derselben Nacht stürmen die Ost-Berliner in Massen in den Westteil der Stadt.

10. November
Auf einer Kundgebung vor dem Berliner Rathaus Schöneberg erklärt der Regierende Bürgermeister Walter Momper, das deutsche Volk sei in der letzten Nacht „das glücklichste der Welt" gewesen. Willy Brandt prophezeit: „Jetzt wächst zusammen, was zusammengehört." Bundeskanzler Helmut Kohl, der mehrfach ausgepfiffen wird, spricht von einem großen Tag für Berlin und die deutsche Geschichte.
Die Ost-CDU, seit 40 Jahren Blockpartei in der DDR-Einheitsliste, wählt den Rechtsanwalt Lothar de Maizière zu ihrem neuen Vorsitzenden.

11./12. November
Millionen DDR-Bürger reisen zum Wochenende erstmals in ihrem Leben in die Bundesrepublik. Vor den Grenzübergängen stauen sich die Trabbis auf bis zu 65 Kilometer Länge.

13. November
Hans Modrow wird zum neuen Ministerpräsidenten gewählt. Er kündigt Reformen in allen Bereichen an und erklärt sich zu einer Vertragsgemeinschaft beider deutscher Staaten bereit.

20. November
Auf der Leipziger Montags-Demo sind zum erstenmal Sprechchöre zu hören: „Wir sind *ein* Volk."

22. November
Das Politbüro schlägt den Blockparteien und den oppositionellen Gruppen Gespräche am „Runden Tisch" vor, in denen die Durchführung freier Wahlen, ein neues Wahlgesetz und eine Verfassungsreform erörtert werden können.

28. November
Im Bundestag verkündet Bundeskanzler Kohl einen Zehn-Punkte-Plan zur Erlangung der deutschen Einheit.

1. Dezember
Die Volkskammer streicht den Führungsanspruch der SED aus der Verfassung. Zwei Tage später tritt SED-Chef Egon Krenz zurück, mit ihm das gesamte Politbüro und das ZK. Erich Honecker und Willi Stoph werden aus der SED ausgeschlossen.

7. Dezember
In Ost-Berlin tagt zum erstenmal der „Runde Tisch", der sich aus Vertretern der fünf ehemaligen Blockparteien und von sieben Oppositionsgruppen zusammensetzt. Er beschließt, das „Amt für Staatssicherheit" aufzulösen, und empfiehlt freie Volkskammerwahlen am 6. Mai 1990.

8. Dezember
Der Generalstaatsanwalt leitet gegen Erich Honecker und Willi Stoph ein Ermittlungsverfahren ein wegen Amtsmißbrauch und Korruption. Mehrere ehemalige SED-Spitzenpolitiker werden verhaftet, darunter der Ex-Minister für Staatssicherheit Erich Mielke.

9. Dezember
Rechtsanwalt Gregor Gysi wird auf einem Sonderparteitag zum neuen SED-Vorsitzenden gewählt. Auf einem weiteren Parteitag am 16./17. Dezember ändert die Partei ihren Namen in SED-PDS, zwei Monate später nennt sie sich nur noch Partei des Demokratischen Sozialismus (PDS).

22. Dezember
Das Brandenburger Tor wird nach 28 Jahren feierlich geöffnet.

1990

15. Januar
Mehrere tausend Demonstranten dringen in die Zentrale des Ministeriums für Staatssicherheit in Ost-Berlin ein. Bürgerkomitees übernehmen Schutz und Kontrolle der riesigen Aktenbestände.

20. Januar
Egon Krenz wird aus der Partei ausgeschlossen.

28. Januar
Regierungschef Modrow und der „Runde Tisch" einigen sich darauf, eine „Regierung der nationalen Verantwortung" zu bilden. Acht Repräsentanten der Opposition treten als Minister ohne Geschäftsbereich am 5. Februar in das Kabinett ein. Die Wahlen zur Volkskammer werden auf den 18. März vorverlegt.

5. Februar
Nach Gesprächen mit Bundeskanzler Kohl wird die „Allianz für Deutschland" gegründet. In ihr schließen sich die DDR-Parteien CDU, DSU und der Demokratische Aufbruch zusammen.

10. Februar
Nach einem Treffen mit Gorbatschow in Moskau erklärt Helmut Kohl, der sowjetische Staatschef habe ihm „unmißverständlich zugesagt, daß die Sowjetunion die Entscheidung der Deutschen, in einem Staat zu leben, respektieren werde und daß es Sache der Deutschen sei, den Zeitpunkt und Weg der Einheit selbst zu bestimmen".

21. Februar
Bundeskanzler Kohl greift aktiv in den DDR-Wahlkampf ein. Er spricht in den nächsten Wochen vor Hunderttausenden in Erfurt, Dresden, Rostock, Chemnitz sowie Ost-Berlin und wird zuletzt am 14. März in Leipzig von mehr als 300 000 Menschen umjubelt.

12. März
Der „Runde Tisch" tagt zum letztenmal. Auf seinen zahlreichen Sitzungen hat er mehrere umfassende Gesetzesvorlagen für eine gesamtdeutsche Verfassung erarbeitet.

14. März
Wolfgang Schnur, Vorsitzender der „Allianz für Deutschland", gesteht, jahrelang für die Stasi gearbeitet zu haben, und tritt zurück. An seinen Platz rückt Rainer Eppelmann.

18. März
Bei den ersten freien Volkskammerwahlen in der Geschichte der DDR erhält das konservative Wahlbündnis 48,15 Prozent. Die SPD kommt auf 21,8 Prozent, die PDS auf 16,3 Prozent. Für das „Bündnis 90", in dem sich das Neue Forum und andere Oppositionsgruppen der ersten Stunde zusammengeschlossen haben, stimmen lediglich 2,9 Prozent der Wähler.

12. April
CDU-Chef Lothar de Maizière wird von der neuen Volkskammer zum Ministerpräsidenten gewählt. Er hat eine Große Koalition aus CDU, DSU, DA, SPD und Liberalen gezimmert. Außenminister

wird SPD-Chef Markus Meckel, Verteidigungsminister der jahrelang von der Stasi bespitzelte Pfarrer Rainer Eppelmann.

1. Juli
Die D-Mark kommt in die DDR – eine der modernsten Wirtschaften der Welt wird via „Währungsunion" mit der maroden DDR-Wirtschaft verknüpft.

16. Juli
Michail Gorbatschow stimmt bei einem Besuch von Bundeskanzler Kohl in Moskau und im Kaukasus der NATO-Mitgliedschaft eines vereinten Deutschlands zu. Am 2. Dezember soll das erste gesamtdeutsche Parlament gewählt werden.

ČSFR

In Übereinstimmung mit der Prager Exilregierung beginnt die Rote Armee am **18. Oktober 1944** mit dem Einmarsch in die Tschechoslowakei. Bis zum **Mai 1945** befreit sie das Land nach und nach von der Greuelherrschaft der Deutschen, gleichzeitig wird dem Land ein kommunistisches System aufoktroyiert. Am **5. Januar 1968** wird Alexander Dubček Erster Sekretär der KP. Unterstützt von der Bevölkerung will er einen „Sozialismus mit menschlichem Antlitz" verwirklichen. Am **21. August 1968** marschieren 200 000 Soldaten des Warschauer Pakts mit Panzern in die ČSSR ein, Dubček wird gefangengenommen, der „Prager Frühling" beendet. Aus Protest gegen die Besetzung des Landes verbrennt sich am **16. Januar 1969** der 21jährige Philosophiestudent Jan Palach auf dem Prager Wenzelsplatz. Am **1. Januar 1977** gründen mehr als 200 Intellektuelle, darunter der Dramatiker Václav Havel, die Bürgerrechtsbewegung „Charta 77". Havel und andere Mitglieder der „Charta 77" werden am **23. Oktober 1979** zu mehrjährigen Haftstrafen verurteilt.

1988

21. August
Am 20. Jahrestag der sowjetischen Invasion demonstrieren mehr als 5000 meist junge Leute für Freiheit und Demokratie. 77 Menschen werden verhaftet.

25. September
Die offiziellen Gewerkschaften befürworten eine Demokratisierung nach dem Muster der UdSSR.

28. Oktober
Eine Kundgebung von 5000 Menschen in der Prager Innenstadt aus Anlaß der Staatsgründung vor 70 Jahren wird von der Polizei gewaltsam aufgelöst.

1989

15. Januar
Auf dem Prager Wenzelsplatz gedenken 2000 Menschen der Selbstverbrennung Jan Palachs vor 20 Jahren. Die Polizei löst die Demonstration mit Gewalt auf.

21. Februar
Der Schriftsteller und Bürgerrechtler Václav Havel wird wegen „Rowdytums" zu neun Monaten Haft verurteilt. Er wird am 17. Mai vorzeitig entlassen.

31. März
Parteichef Milos Jakes bekräftigt die unbeugsame Linie der Parteiführung und fordert von den Mitgliedern des ZK Härte im Umgang mit der Opposition.

21. August
Trotz Verbots demonstrieren am 21. Jahrestag des Einmarsches von Truppen des Warschauer Pakts auf dem Wenzelsplatz 3000 Menschen. Die Polizei verhaftet 370 Personen.

15. Oktober
Václav Havel erhält den Friedenspreis des Deutschen Buchhandels. Da die tschechoslowakischen Behörden ihm die Ausreise verweigern, verliest der Schauspieler Maximilian Schell in der Frankfurter Paulskirche die Dankrede des Schriftstellers.

28. Oktober
15 000 Menschen versammeln sich am 71. Jahrestag der Gründung der ersten tschechoslowakischen Republik auf dem Wenzelsplatz. Sie fordern eine neue Regierung, freie Wahlen und den Rücktritt von KP-Chef Milos Jakes. Die Polizei zerschlägt die Kundgebung mit Gewalt. 355 Menschen werden festgenommen.

17. November
Nach einer genehmigten Kundgebung zum 50. Jahrestag der Hinrichtung von neun Studenten durch die Nazis verlangen 50 000 Menschen in Prag erneut den Rücktritt der Regierung, freie Wahlen und eine freie Presse. Es kommt zu einem brutalen Polizeieinsatz.

18. November
Die ersten Studenten und Schauspieler treten in Streik. Erneute Demonstration auf dem Wenzelsplatz.

19. November
Die Oppositionsgruppen schließen sich zu einem Bürgerforum zusammen, dessen Hauptinitiator Václav Havel ist. Auf dem Wenzelsplatz protestieren 50 000 Menschen gegen den Polizeieinsatz vom 17. November.

20. November
250 000 Demonstranten fordern in Prag und in anderen Städten demokratische Reformen und den Verzicht der KP auf ihr Machtmonopol. Die streikenden Studenten und Schauspieler schicken Delegationen in die Provinz, die für einen Generalstreik am 27. November werben und die Geschehnisse in Prag erläutern sollen.

21. November
Erneut sind Hunderttausende auf dem Wenzelsplatz. Ministerpräsident Adamec bietet der Opposition einen Dialog an.

22. November
100 000 Studenten befinden sich im Streik. Auch in mehreren anderen Städten demonstrieren Zehntausende.

23. November
300 000 auf dem Prager Wenzelsplatz. Die Angestellten des staatlichen Fernsehens fordern auf einer Versammlung, daß ein Amateur-Video vom Polizeieinsatz am 17. November ausgestrahlt wird. Bei einer erneuten Massenkundgebung in Bratislava tritt zum erstenmal seit 21 Jahren wieder Alexander Dubček auf.

24. November
500 000 auf dem aus den Nähten platzenden Wenzelsplatz. Es reden Václav Havel und Alexander Dubček. Am Abend reichen Parteichef Milos Jakes und das gesamte ZK-Präsidium ihren Rücktritt ein. Um 20.25 Uhr zeigt das Fernsehen das Video vom Polizeieinsatz am 17. November.

25. November
Da der Wenzelsplatz zu klein geworden ist, findet die tägliche Demonstration erstmals auf dem größeren Lettna-Platz statt. Zu den Hunderttausenden sprechen Dubček, Havel und Repräsentanten des Bürgerforums.

26. November
Die kommunistische Regierung erklärt sich zu Gesprächen mit der Opposition bereit. Ministerpräsident Adamec empfängt eine Delegation des Bürgerforums unter Leitung von Václav Havel. Verabredet werden Gespräche am Runden Tisch. Auf dem Lettna-Platz versammeln sich eine Million Bürger. Drei Polizeibeamte entschuldigen sich vor der Menge für den Polizeieinsatz vom 17. November.

27. November
Landesweiter Generalstreik von 12 bis 14 Uhr. Hunderttausende ziehen in die Prager Innenstadt. Überall läuten die Kirchenglocken, hupen die Autos, heulen Fabrik-Sirenen, auf der Moldau stimmen Schiffe ein Hupkonzert an. Das Fernsehen berichtet live von den Kundgebungen.

29. November
Das Parlament streicht einstimmig den Führungsanspruch der Kommunistischen Partei aus der Verfassung.

4. Dezember
Die Warschauer Pakt-Staaten erklären bei ihrem Treffen in Moskau, der Einmarsch ihrer Truppen 1968 in Prag sei als „Einmischung in die Angelegenheiten einer souveränen Tschechoslowakei" zu verurteilen.

7. Dezember
Ministerpräsident Adamec tritt mit seiner Regierung zurück. Nachfolger wird der Reformkommunist Marian Calfa, in dessen Kabinett auch das Bürgerforum eintritt. Vizepremier wird Jan Carnogursky, der bis vor kurzem in Haft saß, Außenminister der regimekritische Journalist Jiří Dienstbier.

10. Dezember
Der 76jährige Staatspräsident Gustav Husák, 1969 Nachfolger Dubčeks als KP-Chef und seit 1975 Präsident, tritt zurück.

11. Dezember
Tschechoslowakische Soldaten beginnen an der österreichischen Grenze mit dem Abbau des Eisernen Vorhangs.

28. Dezember
Alexander Dubček wird zum Präsidenten der tschechoslowakischen Bundesversammlung gewählt.

29. Dezember
Die Bundesversammlung wählt einstimmig den über 20 Jahre als Staatsfeind verfemten 53jährigen Václav Havel zum

Staatspräsidenten. Seinen Amtseid leistet er ohne den Treueschwur zum Sozialismus.

1990

14. Januar
Die KP erklärt sich gegenüber dem Bürgerforum am Runden Tisch bereit, schon vor den Wahlen auf die Mehrheit im Parlament zu verzichten. — Der Prager „Platz der Soldaten der Roten Armee" wird in „Jan-Palach-Platz" umbenannt.
18. Februar
Das ZK der Kommunistischen Partei schließt Gustav Husák, Ex-Regierungschef Strougal und andere ehemalige Führungsmitglieder aus der Partei aus.
20. April
Das Parlament beschließt, die Tschechoslowakische Sozialistische Republik (ČSSR) künftig Tschechische und Slowakische Föderative Republik (ČSFR) zu nennen.
8./9. Juni
Bei den ersten freien Wahlen seit Machtübernahme der Kommunisten 1948 gehen das Bürgerforum von Staatspräsident Havel und die Gruppe „Öffentlichkeit gegen Gewalt" als Sieger hervor. Die Kommunisten bekommen lediglich 47 der 400 Mandate.
26. Juni
Erste Sitzung des neuen Bundesparlaments. Alexander Dubček wird wieder zum Parlamentspräsidenten gewählt, Václav Havel am 5. Juli als Staatspräsident bestätigt.

BULGARIEN

Am **5. September 1944** erklärt die Sowjetunion dem Königreich Bulgarien, das sich auf die Seite des Deutschen Reichs gestellt hatte, den Krieg. Die Rote Armee hat das Land vierzehn Tage später fest in der Hand, eine kommunistische Administration wird aufgebaut. Am **8. September 1946** danken der neunjährige Zar Simeon II. und sein Regentschaftsrat ab, einen Tag später wird die Volksrepublik Bulgarien ausgerufen. Todor Schiwkow wird 1956 KP-Chef, 1962 Ministerpräsident und 1971 auch Staatspräsident.

1988

28./29. Januar
Auf einer Konferenz der Kommunistischen Partei verspricht Todor Schiwkow, Bulgarien in ein „hochmodernes und fortschrittliches sozialistisches Land" umzuwandeln. Er befürwortet eine wirtschaftliche und politische Umgestaltung, die mit der in der UdSSR zusammengehen müsse.

1989

11. Februar
In der Kreishauptstadt Plowdiw gründen 300 Intellektuelle und Künstler die Gewerkschaft „Podreka" (Unterstützung), die erste unabhängige Gewerkschaft seit 1944. Ihr Vorsitzender, der Arzt Konstantin Trentchew, wird in Haft genommen.
20. bis 27. Mai
In den von türkischen Minderheiten bewohnten Gebieten kommt es zu schweren Unruhen. Sieben Menschen werden getötet, 28 verwundet. Todor Schiwkow fordert die Türkei auf, alle „bulgarischen Muslime" aufzunehmen, die dort leben wollen. In einem Massenexodus fliehen bis Ende August über 300 000 Bulgaro-Türken in die Türkei.
Oktober 1989
Unter den Augen einer vierwöchigen internationalen KSZE-Umweltkonferenz in Sofia kommt es zu immer größeren Demonstrationen bulgarischer Dissidenten und Bürgerrechtler. Als die Polizei auf Protestierende einknüppelt, drohen einige KSZE-Delegationen mit einem Abbruch der Konferenz. Die bulgarische Regierung entschuldigt sich und läßt Festgenommene frei. Am 20. Oktober dürfen 1000 Anhänger der Gruppe „Öko-Glasnost" über Fragen des Umweltschutzes diskutieren, ohne daß Polizei oder Staatssicherheitsdienst einschreiten.
10. November
Das Politbüro zwingt den 78jährigen Todor Schiwkow zum Abdanken. Neuer Partei- und Staatschef wird der Reformkommunist Petar Mladenow. Er signalisiert seine Bereitschaft zum Dialog mit oppositionellen Gruppen.
18. November
Vor der Alexander-Newskij-Kathedrale in Sofia findet die erste Großkundgebung oppositioneller Gruppen statt. Zu der genehmigten Veranstaltung kommen über hunderttausend Menschen.
1. Dezember
Die Regierung ändert das Versammlungs- und Vereinsrecht: Künftig dürfen die Bulgaren frei demonstrieren und sich in unabhängigen Gruppen und Vereinen zusammenschließen.
10. Dezember
Trotz eisiger Kälte und gelegentlicher Schneeböen finden sich vor der Alexander-Newskij-Kathedrale über 50 000 Menschen zur zweiten Großkundgebung der „Union der demokratischen Kräfte" ein, zu der sich in der Vorwoche die vielen kleinen Oppositions-Gruppen zusammengeschlossen haben. Auf Spruchbändern und in Reden werden freie Wahlen und freie Presse, Rechtsstaatlichkeit und eine neue Verfassung ohne das Machtmonopol der Kommunistischen Partei gefordert.
13. Dezember
Staats- und Parteichef Mladenow kündigt freie und demokratische Wahlen an. Ex-Parteichef Schiwkow wird aus der KP ausgeschlossen.

1990

15. Januar
Ohne Gegenstimmen annulliert die Nationalversammlung Artikel eins der Verfassung, der die führende Rolle der Kommunistischen Partei in Staat und Gesellschaft festlegt.
16. Januar
Erste Verhandlungen am Runden Tisch zwischen Regierung und Opposition. Die „Union der demokratischen Kräfte Bulgariens" fordert unabhängige Zeitungen und Sendezeiten in Fernsehen und Rundfunk. Einige Verhandlungsrunden werden vollständig vom Fernsehen übertragen.
18. Januar
Ex-Staats- und Parteichef Todor Schiwkow wird unter Hausarrest gestellt. Ihm wird vorgeworfen, das Land durch Fehlinvestitionen, immense Auslandsschulden und Hungerlöhne in eine schwere Wirtschaftskrise gestürzt zu haben, während er selbst und sein Clan sich bereicherten.
12. Februar
Spaltung der KP: Die Reformer treten aus der Partei aus und schließen sich in der „Alternativen Sozialistischen Partei" zusammen. An der Gründungskonferenz nehmen 3000 Mitglieder teil. — Der im spanischen Exil lebende 53jährige Ex-Zar Simeon II. erklärt sich zur Rückkehr nach Bulgarien bereit.
28. Februar
Der Staatsrat verlegt den Nationalfeiertag vom 9. September auf den 3. März. Damit gedenken die Bulgaren nicht mehr der kommunistischen Machtübernahme am 9. September 1946, sondern der Unabhängigkeit von der türkischen Herrschaft vor 113 Jahren.
2. April
Die Kommunistische Partei benennt sich um in „Bulgarische Sozialistische Partei". Sie tritt für einen friedlichen Übergang zur Demokratie ein und will die Marktwirtschaft einführen.
3. April
Der 53jährige Petar Mladenow wird von der Nationalversammlung einstimmig zum ersten Präsidenten Bulgariens gewählt. Unmittelbar nach seiner Wahl tritt er als KP-Chef zurück. Der Runde Tisch beschließt, in der neuen Verfassung nicht mehr den Begriff „sozialistisch" zu verwenden. Bulgarien soll ein „demokratischer Rechtsstaat" mit einer auf Privatinitiative basierenden Wirtschaft werden.
6. April
Bulgarien baut den Eisernen Vorhang an der Grenze zu Jugoslawien ab. Der mehrere Kilometer breite Sicherheitsstreifen entlang der Grenze wird beseitigt.
10./17. Juni
Bei den ersten freien Wahlen seit 44 Jahren erhält die Ex-KP und jetzige Sozialistische Partei knapp 53 Prozent der Stimmen. Die „Union der demokratischen Kräfte" kommt auf 36 Prozent.
6. Juli
Staatspräsident Petar Mladenow tritt zurück, nachdem ein Videoband vom Dezember letzten Jahres bekannt wurde, auf dem er den Einsatz von Panzern gegen Demonstranten befürwortete. Das Parlament wählt am 1. August den Oppositionspolitiker Schelju Schelew zum neuen Staatspräsidenten.

RUMÄNIEN

Am **22. Juni 1941** tritt das Königreich Rumänien in den Krieg gegen die Sowjetunion ein, am **20. August 1944** wird es von der Roten Armee besetzt, die ein kommunistisches Regierungssystem installiert. Am **30. Dezember 1947** dankt König Michael ab, die Volksrepublik wird ausgerufen. Der 47jährige Bauernsohn Nicolae Ceauşescu wird am **22. März 1965** Erster Sekretär der KP, am **9. Dezember 1967** auch Vorsitzender des Staatsrates, am **28. März 1974** läßt er sich auch in das eigens für ihn geschaffene Amt des „Präsidenten der Sozialistischen Republik Rumänien" wählen.

1988

28. November
Ceauşescu bekräftigt vor einer Parteikonferenz die Absicht, gegen alle Proteste aus der Bevölkerung sein „Systematisierungskonzept" durchzuführen, das die Vernichtung von 7000 Dörfern und die Umsiedlung der Bauern in sogenannte „Agroindustrielle Komplexe" vorsieht.

1989

23. August
In einem UN-Bericht über die Lebensbedingungen in Rumänien heißt es, das rumänische Volk sei auf die „grausamste Armut" zurückgestuft worden. Millionen Rumänen hungerten, während die Führung im Luxus schwelge. Im Winter dürften die Menschen nicht heizen, Tausende müßten jährlich erfrieren. Dagegen würden als Ausdruck für den exzessiven Personenkult um den Diktator weitere neue ultramoderne Paläste gebaut.

20. – 25. November
Auf dem 14. Parteitag der rumänischen KP wird Nicolae Ceauşescu noch einmal als „bewährter revolutionärer Kämpfer, heißgeliebter Sohn der Nation und Held unter Helden des Volkes" gefeiert. Ceauşescu bezeichnet die Zukunftsaussichten für sein Land als „wunderbar". Rumänien werde zu „neuen Gipfeln des Fortschritts und der Zivilisation" schreiten und den „goldenen Traum" vom Kommunismus verwirklichen.

17. Dezember
Ausgelöst durch die Nachricht von der bevorstehenden Verhaftung des regimekritischen Pfarrers Laszlo Tökes kommt es in der westrumänischen Stadt Temesvar zu Protesten Zehntausender. Sicherheitspolizei und Militär richten ein Massaker unter den Einwohnern der Stadt an, die Schätzungen über die Zahl der Toten gehen in die Tausende.

18. Dezember
Nicolae Ceauşescu reist zu einem Staatsbesuch in den Iran. Die Grenzen zu Jugoslawien und Ungarn werden geschlossen.

19. Dezember
In Temesvar vertreiben Arbeiter das Militär aus der Stadt. Ceauşescu äußert in Teheran, die Lage in seinem Land sei „gut, stabil und ausgewogen".

21. Dezember
Eine Großkundgebung zur Huldigung Ceauşescus in Bukarest schlägt um in Protest gegen den „Conducator". Die Fernsehübertragung wird abgebrochen. Uniformierte Einheiten der „Securitate" eröffnen ohne Vorwarnung das Feuer auf Demonstranten.

22. Dezember
Von allen größeren Betrieben Bukarests setzen sich Kolonnen von Arbeitern in Richtung Innenstadt in Bewegung. Am Mittag wird das rumänische Fernsehen von den Aufständischen übernommen. Die Armee solidarisiert sich mit den Demonstranten. Als die Menge den Regierungspalast stürmt, flüchtet Ceauşescu mit seiner Frau Elena aus Bukarest. Am Abend meldet das Fernsehen, der „Führer" sei mit seiner Familie und mehreren „höchsten Offizieren" verhaftet worden.

26. Dezember
Das rumänische Fernsehen berichtet, der gestürzte Diktator und seine Frau Elena seien am 25. Dezember nach einem Geheimprozeß hingerichtet worden. Ein Videoband über das Gerichtsverfahren gegen die Ceauşescus und ein Standbild der Erschossenen werden gezeigt. Die „Front zur Nationalen Rettung", in der ehemalige Kommunisten, frühere Dissidenten, Armeeangehörige, Intellektuelle und Künstler vertreten sind, übernimmt die Regierung und wählt den früheren Jugendminister und einstigen Kronprinzen Ceauşescus, Ion Iliescu, zum Staatspräsidenten.

27. Dezember
Die neue Führung Rumäniens setzt viele Gesetze aus der Zeit Ceauşescus außer Kraft. Dazu gehören das monströse „Umsiedlungsprogramm" und das Abtreibungsverbot. Die Todesstrafe und jegliche Form der Zensur werden abgeschafft.

1990

28. Januar
50 000 Menschen demonstrieren in Bukarest gegen die „Front zur Nationalen Rettung", in der viele nur die Kommunistische Partei in neuem Gewand sehen. Tags darauf organisiert die Front eine Massenveranstaltung von 50 000 Arbeitern und Schulkindern. Präsident Iliescu dankt für die „spontane Unterstützung".

20. Mai
Bei den Parlaments- und Präsidentschaftswahlen erringen Iliescu und seine „Front zur Nationalen Rettung" 85 Prozent der Stimmen.

13. Juni
Im Morgengrauen räumt die Polizei den Universitätsplatz in Bukarest, auf dem seit neun Wochen etwa 250 Demonstranten immer wieder Sprechchöre wie „Nieder mit dem Kommunismus" und „Nieder mit Iliescu" intonieren. Die Vertriebenen erhalten Zulauf von Tausenden empörter Bürger. Es kommt zu Straßenschlachten mit der Polizei. Präsident Iliescu läßt mit Sonderzügen und Lastwagen Bergarbeiter aus der Provinz in die Hauptstadt kommen, die mit Knüppeln und Eisenstangen Jagd auf die jugendlichen Demonstranten machen. Die Büros der legalen antikommunistischen Opposition werden verwüstet. Sechs Menschen werden getötet, über 500 verletzt.

Fotovermerk:

Titel: Georges Merillon/Gamma; David Turnley/Black Star/Transglobe; Eular/AP
4/5: action press
10/11: action press
12/13: Eric Bouvet/Gamma
14/15: Kumm/dpa
16/17: Andreas Schoelzel/ZENIT
18/19: Robert Lebeck
20/21: Joel Robine/AFP/dpa
22/23: Gad Gross/JB Pictures/Focus
30/31: Mihaly Moldvay
32/33: Robert Lebeck
34/35: Udo Weitz/AP
36/37: Mihaly Moldvay; camera press
38/39: Robert Lebeck
40/41: Ferdinando Scianna/MAGNUM
42/43: Mihaly Moldvay
44/45: Dirk Eisermann/argus
46/47: Dirk Eisermann/argus; Mihaly Moldvay
54/55: Jürgens/OST u. EUROPA-PHOTO
56/57: CORR/AFP/dpa
58/59: Jürgens/OST u. EUROPA-PHOTO
60/61: Jürgens/OST u. EUROPA-PHOTO
62/63: Skarzynski/AFP/dpa
64/65: camera press
66/67: Laski/Sipa-Press
68/69: STERN-Archiv
70/71: AFP/dpa
72/73: Skarzynski/AFP/dpa
78/79: Roland Holschneider/dpa
80/81: Harald Kirschner
82/83: dpa; ZENIT
84/85: Kärkkäinen/dpa; Manfred Vollmer; Jürgens/OST u. EUROPA-PHOTO (2)
86/87: Schirning/dpa
88/89: Hanns-Jörg Anders
90/91: dpa
92/93: Jürgen Müller-Schneck
94/95: Kleefeldt/dpa
96/97: dpa
98/99: Guillaume Atger/EDITING
100/101: dpa; Wattenberg/dpa (2)
106/107: AP
108/109: Götz Linzenmeier/VISUM; Axel Carp
110/111: Götz Linzenmeier/VISUM
112/113: Götz Linzenmeier/VISUM (4)
114/115: CONTRAST PRESS
116/117: Votoava/dpa
118/119: Mihaly Moldvay
120/121: Robert Lebeck
126/127: Tadeusz Rolke
128/129: Joel Robine/AFP/dpa; epa/dpa
130/131: Mihaly Moldvay
132/133: epa/AFP/dap
138/139: Mihaly Moldvay
140/141: AFP/dpa
142/143: dpa
144/145: Luc Delahaye/sipa-press
146/147: Werner Baum/dpa
148/149: P. Robert/Sygma
150/151: André Durand-Arsic/AFP/dpa
152/153: Luc Delahaye/Sipa-press; P. Durand/Sygma